Catastrophic urban disasters

スーパー都市災害から生き残る

京都大学防災研究所所長
河田惠昭

! /// DANGER ! KEEP OUT !

Yoshiaki Kawata

新潮社

はじめに

人にとって大災害に遭遇することは大きな不幸です。しかも、確率的には一生に一回あるかないかで、運命は平等ではありません。一瞬、今、ここで大地震が起きたらとか、この台風が去らなかったらどうなるかなど、命の危険を感じることは多いかもしれませんが、実際は何事もなく済むことがほとんどです。防災を専門とする者が、自分の研究の成果がどれだけ社会で役立っているのか実感しようとしても、かなり難しいのが現実でした。

しかし、災害は、来てから嘆いても遅いものです。わたしたちは、阪神・淡路大震災を経験して、都市が大きな自然の外力に襲われるといかに脆弱かを目の当たりにしました。その上、9・11同時多発テロや地下鉄サリン事件で見えた大都市の盲点、あるいはカトリーナのように予測が不可能な自然の脅威など、危険の数々がはっきりと浮かび上がってきています。「スーパー都市災害」は、新しい概念です。しかし、防災を後回しにして、効率一本槍で野放図な発展を重ねた巨大都市に自然の外力が加わったらどうなるのか、まだ誰も知りません。不意に襲ってくる災害に対してどう備えるか、これは社会や家庭で常に最悪の事態を想定して、致命的なダメージを受けないように「減災」を図るほか手立てがないのです。

私は、もともと防災の研究者を目指していたわけではありません。しかし、災害の現場での研究が一種の冒険であることに気付き、いつの間にか研究にはまりこんでしまいました。現場が何を語っているかを理解することが、防災・減災研究の原点になります。一般の人が災害に遭遇するのは稀ですから、うまく対処できないのは当然でしょう。われわれの現場体験（＝冒険）から生まれた暗黙知を共有して頂くことが、災害多発時代に身の安全を守る技術を生みます。

本書は、私の研究生活の過程で知ったさまざまな事実から成っています。災害が起こると、日頃やり慣れていることしかできないということが、阪神・淡路大震災から得た教訓でした。みなさんも、ぜひ、災害に対して賢い対応をして頂きたいと願っています。

河田惠昭

二〇〇六年五月

スーパー都市災害から生き残る■目次

第2章　日常防災の新常識

第3章　災害に強いまちづくりのために

本文図版　山中泰平
装幀　新潮社装幀室

スーパー都市災害から生き残る

第1部　「スーパー都市災害」は明日にも来る

第1章　「スーパー都市災害」とは何か？

1、阪神・淡路大震災とカトリーナ

　1995年1月17日の阪神・淡路大震災は、わたしたち防災を専門とする者にとって、大きな転機となった災害です。M7・3、震度7、死者6千434人。世界で初めて成熟した大都市が地震に襲われて、亡くなった方の90％が発生後15分以内に即死するという悲劇でした。人、物、金、情報が集中する大都市は、自然災害に対していかに脆弱か、はっきりと明らかになった出来事です。

「スーパー都市災害」は、まだ新しい言葉です。しかし、大きな自然災害が大都市を襲った場合、単なる「都市災害」を遥かに超えた事態が起こることが証明されました。家、ビル、電気、ガス、水道、道路、そして人。都市を生き物のように構成するすべての要素が、たった一度の自然災害によって崩壊の危機に瀕し、国家を揺るがすような大きな被害となります。これは、もはや自然と文明の戦争と表現しても、過言ではありません。

２００５年8月29日、アメリカ南部を襲ったカトリーナは、一つのハリケーンが来襲することによって、物（＝経済）的被害と人的被害の双方が極端に拡大するという意味で、「スーパー都市災害」時代の災害の典型でした。アメリカのハリケーン災害史上、人が1千人以上亡くなるという事態は、80年間起こっていません。

中心地であるルイジアナ州ニューオーリンズ市は、ジャズの発祥地としても知られ、メキシコ湾に通じる重要な港湾都市です。人口は50万人弱。その地のごく近くをカテゴリー5という最大規模の台風が直撃し、しかも、上陸直前まで巨大化しながら、ゆっくりと陸地を北上したために被害が大きくなりました。ニューオーリンズ市の面積のうち8割が水没し、ニューオーリンズの都市機能は壊滅的な打撃を受けています。

ハリケーン・カトリーナへの対策は、さまざまな批判にさらされました。しかし、一番の問題は、街に5ｍもの浸水が起こるという予測をしていた人が、誰もいなかったということです。国から現地の担当者までの全てが、こんなことは起こるはずがない、と油断をしていました。小さな油断の集積が、一つの都市を水没させたのです。

あるいは、9・11同時多発テロや、地下鉄サリン事件が巻き起こした事態を思い出してみましょう。都市は、想像を越えた外力にとても弱いものです。地震の切迫性、地球温暖化による風水害の多発など、われわれは災害多発期に入ったという認識を持つ必要があります。

2、災害をどう考えるか

わたしたち防災の専門家は、災害を4つの型に分類しています。

第1の型は「田園災害」。開発の進んでいない土地に起こるシンプルな災害であり、家が風に飛ばされるとか、川が氾濫するとか、人が災害に持っているイメージの原型を成すものです。被害の大きさは風速、雨量、震度などの自然の外力と、建物の強さや地盤の安定性などの社会関係によって決まります。

第2の型は「都市化災害」。日本でいうと、昭和30年代の東京や大阪のように、都市化が進行している最中に起る災害です。急速に開発が進む一方、堤防の建設、上下水道網の整備、ポンプ場の設置など、防災についての社会的インフラが追いつかず、さほどひどい異常気象でなくとも災害に発展します。かつて、近郊の急ごしらえの宅地では、大雨が降るとすぐに浸水しました。今は、発展途上の都市であるバンコク、マニラ、上海などで都市化災害が多発しています。

第3の型の「都市型災害」は、1994年1月17日のロサンゼルスのノースリッジ地震（M6・7）が典型です。死者は61名だったものの、都市の生命線である電気、ガス、水道、電話回線、道路などのライフラインがすべて駄目になり、救援・消火活動もままならず、あらゆる社会活動が停止しました。交通信号のコンピュータ制御も働かなくなって大渋滞が起こり、救急車や消防車も満足に走れなくなりました。ロウソクで明かりをとる市民の映像を、覚えておられる方も多いと思います。

これは、市街地の拡大はほぼ終わったものの、ライフラインを中心とする社会基盤組織の安全度が不十分だったり、古かったりするせいで起こる災害で、こうした都市は電気やガスが止まるだけでひどい状態になってしまいます。日本では、1978年6月12日の宮城県沖地震（M7・4）が典型例です。死者は16名だったものの、仙台全域のガス・電気・水道がやられて、大混乱をきたしました。都市型災害は別名・ライフライン災害とも呼ばれています。

第4の型は「都市災害」。インフラが整い、ほぼ機能が完成された大都市に起こる災害です。阪神・淡路大震災が典型で、自然の外力と被害の規模や要素がどのような因果関係にあるのか事前には分かりません。建物の倒壊による直接的な死者から、道路網の崩壊、電気やガスなどのライフライン障害、火災など、さまざまな被害要素が同時に重なって、まったく脈絡なく起こります。

いま挙げた4つの呼び名の違いと災害の内容がどう対応するのか、専門的で少し分かりにくいかもしれません。この分類は、都市の発展段階と災害の特徴を関係づけたもので、地域ごとにどのような対策を中心にしたら有効なのか、この町並みなら、こういう防災対策が最適、という判断がすぐ下せるよう、標準的な目安を立てるために考案された物差しです。

しかし、この災害の4つの型を越える災害として、「スーパー都市災害」と命名するしかない事態が、わたしたちの前に表れました。阪神・淡路大震災に直面し、はじめてその可能性が示唆されたのです。都市の規模があるレベルを越えると、災害の規模と要素の複雑さが極端に拡大・膨張します。

地域の状況ごとに、これまでに挙げた4つの災害の型のすべての要素が同時多発的に時空間を越えて起こり、さまざまな種類の被害がパッチ状に入り乱れて、大量の被災者の前に立ちはだかる事態。警察や消防は、あまりに膨大で多岐にわたる複雑な被害の前に、ほとんど無力化してしまいます。

一言でいうと、大複合災害です。

たとえば、東京を大災害が直撃したら？　まさに人類史上最大規模の「スーパー都市災害」が起こることになるでしょう。ここまで複雑に発展した国家の首都を大災害が襲うという事態は、いまだかつて経験したことがありません。ところが、その危機は、目前に迫っているのです。

3、関東大震災、ふたたび――

最近、「首都直下地震」という言葉を耳にすることが多くなった、という方もおられるでしょう。阪神・淡路大震災、新潟県中越地震、と続いて、次は東京……。

2005年9月、国の中央防災会議から、「首都直下地震対策大綱」が発表されました。わたしも専門調査会の一員として参加しましたが、これは、「首都直下地震」について、国の基本方針を打ち出した文書です。２００６年４月から地震防災戦略にもとづく具体的な対策の議論に入っていますが、約６５０万人の帰宅困難者が出て、７００万人が避難所に逃げてくると予想されています。国は、かなりの高い確率で東京に地震が起こる、という認識を公表しました。その上で、大きく変貌した都市の姿に対応した防災戦略を立てています。

２００３年９月26日に発生した十勝沖地震（Ｍ８・０）の予想されていた発生確率は、30年以内に60％という値でした。震度４の苫小牧で、出光興産の北海道製油所のタンクが火災を起こすなど、大きな被害が出た地震です。

近年、関東地域の地殻変動に関する定点観測網が充実して詳細なデータが蓄積され、かなり精度の高い地震像が明らかになっています。観測の結果から計算すると、震源が浅い地震（直下型地震）の発生確率は10年以内に30％、30年以内に70％、50年以内には90％。21世紀半ばまでに必ず地震が起こるという確率です。

十勝沖の場合より直下型地震の緊迫度が高い状況である上に、今世紀末までには関東大震災級の、震源が20㎞程度の深さの地震（プレート境界型地震）が起こる確率が高まります。首都直下地震はそれで終わりではなく、より巨大な地震が再来する露払いになる危険が論じられているのです。

どのような方法で地震の起こる確率が計算できるのでしょうか。

東京は3つのプレート（厚さ数十kmから200kmの固い地盤）が重なり合った上にあります。一番上に北米プレート、真ん中にフィリピン海プレート、一番下に太平洋プレートというバームクーヘンのような3層構造になっています。プレートは対流するマントルの力で一定方向に移動しながら、ゆっくりと沈み込んでいって、地震を起こす力を蓄えています。この速度はだいたい一定で、いつかは歪みのエネルギーが臨界点に達するわけです。

複雑にプレートが重なり合う東京の地下の5カ所に、岩盤の破壊のはじまる地点（震源）があります。その中でも特に、東京湾北部などの3カ所の震源が、かなりの地震エネルギーを蓄えている可能性が分かりました。つまり、浦安のディズニーランドの沖合い辺りが有力な震源地候補だということです。

東京大学地震研究所の最近の成果によると、昔は、東京湾北部のフィリピン海プレートは50kmほど潜り込んでいると推定されていたのですが、最近は、その半分くらいの深さになっていることがわかってきました。震源は浅くなり、同じ地震エネルギー（マグニチュード）でも、地表の揺れはより激しくなるということです。関東大震災はこのフィリピン海プレートが跳ね上がって起きました。

4、東京は地震の都

東京の地震の歴史を振り返ってみましょう。ここ300年の間に、最上部の北米プレートの下へ太平洋側のプレートが沈み込むことによって起こるプレート境界型地震が2度起こっています。それは、１７０３年の元禄の大地震と約２００年後の１９２３年の関東大震災です。どちらも地殻の深部が震源になって起こる、エネルギーの大きい地震でした。

二つの地震の中間にあたる１８５５年、１万人を越える死者を出した安政江戸地震が起こっています。こちらは、地下の比較的浅い部分を縦横に走っている活断層が壊れて起こる直下型地震です。東京は、２００年に1度プレート境界型の大地震が起こり、その間に、直下型地震が起こるという周期を繰り返してきました。つまり、今危険なのは安政江戸地震と同じ直下型地震ということになります。続いて、関東大震災の２００年後である22世紀初頭に、プレート境界型地震が来る。大地震が連発する地震シナリオが懸念されているのです。

日本は、地殻変動が激しい火山国であり、地震大国です。豊富な実例を分析して判明したのは、地震は繰り返す、という定理でした。これは、災害全般に当てはまります。自然災害は、風が吹き、雨が降るという現象と同じように、何度も繰り返して起るものです。地中深くでの地殻変動は、人間の思惑とまったく関わりなく続き、物理的な地震エネルギーが溜まれば規則的に放出する、つまり破壊するというサイクルは変わりません。

２００4年12月26日、あのインド洋大津波を起こしたM９・０のスマトラ沖地震が発生しました。この地震が起こった時、わたしたちはアメリカの地震研究者と、「次は日本と米国どちらの大地震が先か」という話をしたものです。

アメリカには、サンアンドレス断層帯という大きな断層が、サンフランシスコからロサンゼルスにかけて走っています。複数存在する断層の中で、ヘイワード断層が最も動く可能性が高いと言われています。２００６年はちょうど、７００人の死者を出したサンフランシスコ地震から１００年にあたり、そろそろ危険な時期です。

この断層が北上して太平洋に入りシアトル沖からバンクーバー沖を走る、繰り返しマグニチュード８クラスの地震を起こしてきたカスケーディア地震帯になります。過去に大地震を12回も起こしていますが、３００年から３５０年に1度という周期が最近判明し、前回は１７００年1月でしたので、カスケーディア地震帯も危ないわけです。

日本では、首都直下地震と東海・東南海・南海地震の密接な関係が懸念されています。１７０７年の宝永地震の49日後、富士山が爆発しました。１８５４年に32時間差で起こった安政東海地震と安政南海地震の11カ月後、安政江戸地震が起こっています。東海・東南海・南海地震の震源となる南海トラフは、静岡沖から高知沖の方へ伸びており、ここで起こる地震が、富士山の活動や東京で起こる地震に強い影響を与えることが分かりました。

東海・東南海・南海地震の発生確率は、首都直下地震以上です。二つの地域に大地震が相次いで起こり、富士山も爆発する。こんな恐怖のシナリオがまことしやかに囁かれても無理からぬことなのです。

首都直下地震の切迫性

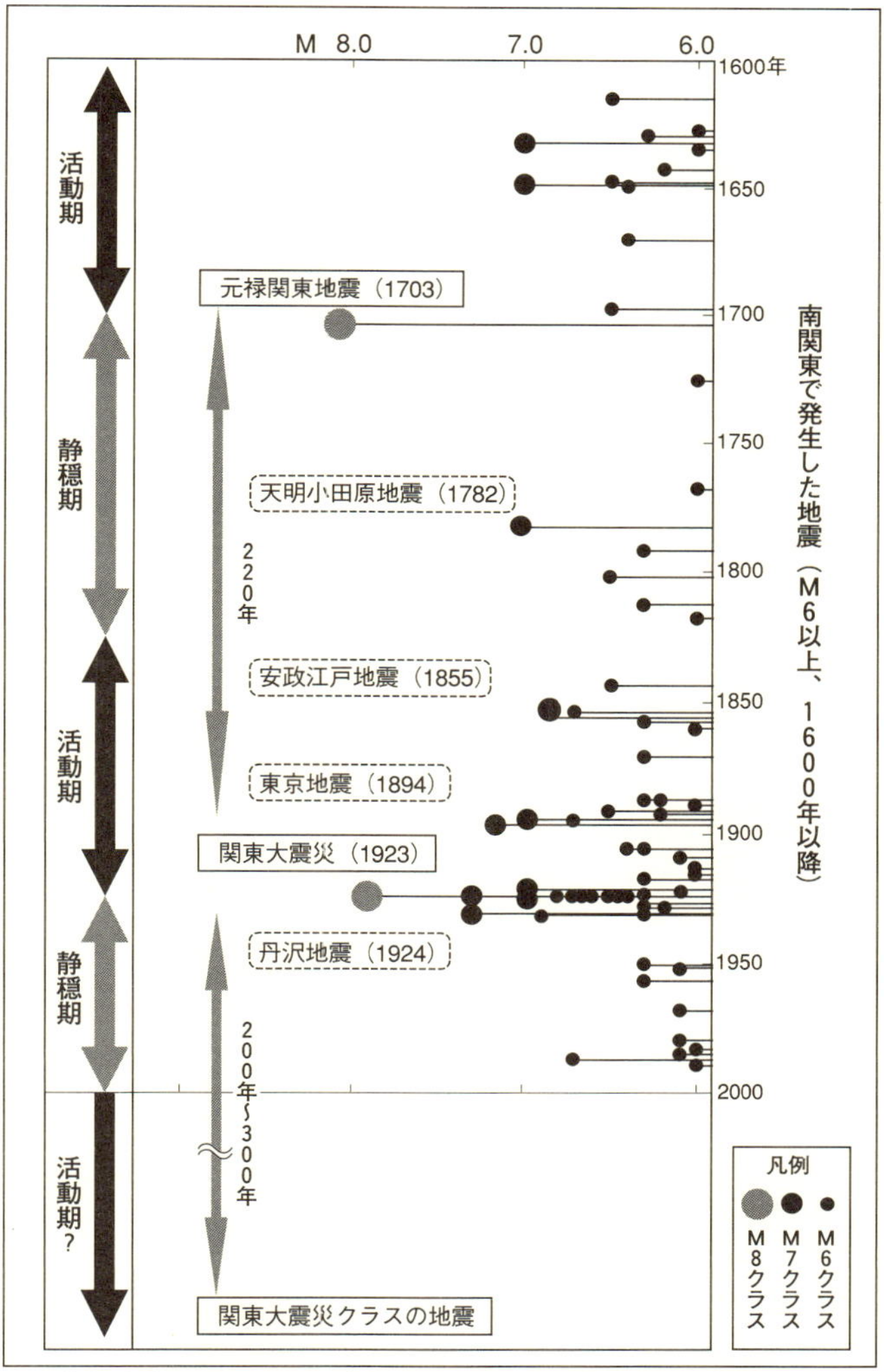

・首都地域では、200〜300年間隔で関東大震災クラス（M8）の地震

←今後100年以内に発生する可能性はほとんどない

M6クラスはより高い頻度で発生。M7クラスは数回発生。

5、災害に弱い首都

地震の被害を予測してゆくために、東京で発生した犠牲者1万人以上の火災、災害、さらに空襲について、特徴を見てゆきましょう。まず、東京は火災に弱い町です。戦後のある時期から、さすがに大火事は起きていませんが、江戸時代は、1657年の明暦大火（振袖火事）、1772年の明和大火（行人坂火事）、1806年の文化大火（芝車町火事）と呼ばれる三大火を代表に、大きな火事が200件以上起こりました。

明暦大火の際は、市街地の大半が焼失しています。死者の数は3万から10万人まで諸説あり、定かではありませんが、たいへんな数です。なにしろ、1平方kmに6万5千もの町民が住んでいるという状態でした。今の23区の人口密度が1平方kmに1万3千人だというのですから、とてつもない過密状態です。逃げ遅れた人が多くなったのも、無理ありません。

大火を経験して、幕府は「定火消し」という旗本を中心とした消防組織を作りました。しかし、これでは間に合わずに、後年、町人を組織して「町火消し」という制度を作りましたが、いずれにせよ、木と紙でできた燃えやすい町並みはそのままに、火消しという対症療法でしのぐ発想で対処したのです。以来300年、火事に弱い町・東京は温存されてきました。

関東大震災では10万5千人ほどが亡くなりましたが、多くの死因は火事でした。第二次世界大戦時の東京大空襲も忘れられません。米軍は家が木と紙でできていることを知っており、新型の焼夷弾を開発して攻撃しました。

1945年3月10日から5月25日には、B29が数百機来襲し、焼夷弾を約9千t、500万発落とし、死者は10万人以上。23区内の2分の1が焼け野原になりました。空襲で古い家がほとんど燃えてしまったため、戦後は新しい家が建ち並び、結果的に火事には少し強い町並みとなりました。空襲のおかげで改善されたわけですから、歴史の皮肉です。

明暦大火とちょうど同時期の1666年、ロンドンでも大火が起きました。シティの85%の建物が焼失したという大火事ですが、この後、イギリスでは再建法を立法し、木造建築を禁止し建物はすべて石造りかレンガ造りにすること、街路の最小幅員も決めて、火災保険も世界ではじめて生まれました。この後、ロンドンでは大火が起こっておらず、大災害をきっかけに抜本的な対応をして成功したのです。

東京の場合は、首都直下地震の危機を目前にし、首都機能を一部でもいいから移転する、という抜本的な解決策もあります。しかし、政治的な理由で議論は凍結されました。日本は、大きな災害に直面しても、抜本的な改革をせずに対症療法で解決しようとする悪弊がある国です。

6、被害想定の基本

関東地方は、富士山の火山灰に覆われて、地上から活断層の存在を知ることが難しい地域です。わたしたち専門調査会では、マグニチュード6・9の断層をさまざまな場所に置いてみて、どこが震源になると一番大きな揺れになるかをシミュレーションして、被害想定をピックアップする作業を繰り返しました。

仮に断層を置いた場所は18カ所。また、存在が分かっている活断層からの揺れ、あるいは千葉県市原市や神奈川県川崎市など化学物質や石油の古いタンクがあり、地震が起こって欲しくない地域の直下に震源があった場合、どのような被害を受けるのかも、ピンポイントで計算しました。結果、東京湾北部が震源である場合が、一番打撃が大きく、また起こる可能性も高いことが判明しています。

中央防災会議では、一番ひどい被害をもたらす地震について準備を進めておけば、より被害が少ない地震への対応はスムーズに進むという考え方で、具体的な対策を議論する段階に入りました。想定の中心は東京湾北部地震。東京ベイ・エリアの近海沿岸が震源地となるマグニチュード7・3の地震です。

東京湾北部地震が起こった場合、足立区、荒川区、千葉などの地帯は震度6強で、とても激しく揺れます。東京湾に面する品川区や中央区なども、ほぼ同レベルの揺れになるでしょう。わたしがセンター長を務めている「阪神・淡路大震災記念　人と防災未来センター」には、震度7が模擬体験できる施設があり、中学・高校の修学旅行の生徒さんなど、だいたいおしゃべりをしながら入ってゆきますが、出口では真剣な顔に変わっています。びっくりするほど、揺れとその被害が強烈だということです。

まだ直視されていない危険を一つ指摘しておきましょう。東京湾は江戸時代から干拓されており、JR東京駅と品川駅を結ぶラインから東の海側は干拓地で、元は海です。水害が起こった場合、かつて水があった場所にふたたび水がくることは、各地の例で証明されています。「水は昔を覚えている」のです。

東京において、大規模な干拓が行われた江戸以降、そのようなケースはまだ起こっておらず、可能性について論証することは難しいのですが、もし、東京近海で大きな地震津波が起こったり、大型台風の通過に伴って巨大な高潮になったと仮定すれば、干拓地はすべて水没するでしょう。首都直下地震対策は、津波・高潮対策も忘れられません。東京沿岸部、湾岸ベイ・エリアは、地震の震源地に近いと想定されているだけではなく、高潮、津波、洪水に対して、とても弱い地域です。

東京という都市は、地震が起こった時どこにいるかによって、危険の質が大きく異なります。「スーパー都市災害」の大きな特徴の一つです。

7、ハリケーン・カトリーナの被災現場で

ここで、自然災害がどのようにして一つの都市を壊滅に導くか、ハリケーン・カトリーナの例に即して検証してみましょう。

わたしは1週間、現地調査に行ってきました。災害対策を担当する連邦緊急事態管理局（F

EMA）の初動が悪いなど、さまざまの批判が出ましたが、各部署の人間は比較的きちんと対応していて、大きな穴はなかったのです。イラクに派兵していて、残っていた州兵が出動していないと報じられていましたが、ルイジアナ州にカトリーナが再上陸した8月29日にはもう5千人も出ており、配置は十分。ルイジアナの州兵の責任者は誤報だと怒っていました。

だからといって、対応に問題がなかったとはいえません。連邦政府から市の当局まで、すべての部署ごとに小さな油断があり、誰もが最悪の事態が起こると予測していなかったために、続けざまに起こる被害に対応することが不可能になったのです。

最大の油断は、堤防が完全に壊れてしまうと想定していた人が誰もいなかったことです。水が堤防を越えることまでは想定内でしたけれど、完全に破堤して水の歯止めがなくなることは想定外でした。海からダイレクトに入ってきた水量は10億tという想像を絶する量になり、街のほぼ全域が水没するという事態にまで進みました。

しかし、冷静に振り返ってみれば、いかにコンクリートの堤防壁でも、土の上に立ててあるわけですから、水嵩が増して3mほどの壁を越えてしまえば（越流）、土でできた弱い土台の基礎が洗掘されて直立の堤防壁を保持できずに倒れてしまっても、さほど不思議なことではありません。別の地区では水圧のために堤防壁が土台ごと市街地に移動して壊れました。これも大変杜撰《ずさん》な設計です。

また、カトリーナが上陸した前後の速度も、時速25㎞という想定外のノロノロ台風でした。

移動があまりに遅かったために、高潮が長く続き、破堤した場所からどんどん海水が入ってきて、人間の手ではどうにもならない状況になってしまったのです。

日本最大の高潮災害が起こった原因も、とても意外なものでした。１９５０年9月3日に大阪に来たジェーン台風は、カトリーナと同じように嫌らしい動き方をして、ふつう海から上陸すれば台風は時速60kmくらいですぐ通り過ぎるものなのですが、30kmくらいでノロノロとしか動きませんでした。台風の中、大阪港にいた船は、港外に避難してアンカー（錨）を打って停泊していたのですが、強風でアンカーを引きずって港内に戻ってしまい、海岸堤防や護岸に衝突して破壊し、高潮氾濫が起こりました。アンカーごと三十数隻の大きな船が動いたのですから、想像を絶しています。

大災害は、想定外の事態によって起こります。しかし、災害時において、あらゆる可能性を考えて行動する例はほとんど見られません。どの国でも、災害が起こった後の人命救助が最優先されて、被害が死者の発生につながらないタイプの事前予測はさほど重視されていません。カトリーナの場合も、カテゴリー5の台風だとしても、避難命令を出して皆がきちんと逃げれば死者は出ない、という発想があっただけで、その先のシナリオはほぼ白紙でした。もちろん、ノロノロ台風が滞留し、堤防が完全に破れて、市内全域が浸水するという可能性に備えていた人など一人もいません。住民にも油断がありました。ニューオーリンズ市で8月28日に住民に避難勧告が出た時、全員が町を逃げ出していたら……。死者の数はずいぶん減ったでしょう。

あの時点では、道路の渋滞もたいしたことはなく、住民が逃げることは容易でした。しかし、ニューオーリンズは全米でも1、2を争う貧しい都市で、市民の30％が自動車を持っておらず、遠くに逃げる手段を持っていない人が多くいます。その上、過去40年間も高潮災害が起こっていなかったため、危機意識も今一つでした。家や財産を守ろうと考えて動かない人、車など逃げる手段を持たない高齢者、貧困者の存在など、矛盾に充ちた現実の動きが、すべての想定を無意味にしました。

皮肉な事態があります。アメリカには、政府自治体の関与する水害保険制度があり、どのくらい対策が進んでいるか、水害リスク評価によって保険料率が決まるのですが、ニューオーリンズの一部やルイジアナ、ミシシッピー両州沿岸部の被災地では高潮氾濫による浸水は想定外でしたし、水害の危険度が高いと判定されて、保険に加入ができなかった地域もあったのです。堤防のかさ上げなど、水害保険に加入できるレベルまでの対策が望まれていたのですが、手がつけられないまま、ハリケーンが来てしまいました。まさに、水害の盲点となっている地域でした。連邦政府がすごいのは、自らの非を認めて、制度の対象となっていない地域の全壊・流失家屋に対し、1千500万円の補償をしたことです。

8、現代の災害

大災害が起こった場合、新聞やTVでもっとも重視されるのは、死者の数です。しかし、現代の災害では、人的被害だけが重要ではありません。たとえ生き残ったとしても、住民が家と財産と職業を失えば、復旧不能のつらい暮らしが待っています。膨大な損害のすべてが、都市に住む一人一人の生存の基盤に強い打撃を与えます。カトリーナは、事実上、長い歴史のあるニューオーリンズという都市を復旧不能にしました。

２００６年5月の時点で、元の4割しか人口は戻っていません。アメリカ人は土地への執着がなく、生活の目途が立てばすぐ出て行ってしまいます。ジャズ発祥の地でトランペットを吹いていた人々などは、楽器だけ持って逃げ出してしまいました。災害が原因で、被災市街地に住む借家住まいの低所得層が強制的に立ち退き処分を受けたという側面もあります。

被災者はあらゆる州に移動しました。阪神・淡路大震災の場合、被災者は親類縁者を頼って沖縄から北海道まで散らばりましたが、落ち着いたら大部分元に戻りました。ニューオーリンズの低所得層が元の家に戻ることはないでしょう。水没した地帯の半分は、家賃の安い借家が立ち並ぶ場所で、ほとんどの家主が家賃収入を失い、不動産としての価値も消えます。

ニューオーリンズの低所得層の老人はアメリカを漂流しますが、神戸のこのような高齢の被災者は公営復興住宅に入ったまま、なかなか出られません。１９７１年以前に建てられた震度6強で倒壊する古家に住んでいた層が苦労をしていて、一度家を失うと、年金生活者などの場合、生活再建は難しいようです。

ここでは個人の被災者の例だけを挙げましたが、企業、国家への影響も計り知れません。何より、インフラや家財の形が複雑化したために、復旧費用がかさんで、事実上、資金が調達不能になってしまうことが重要な問題です。神戸、ニューオーリンズのどちらも、レベルや内容は違うとはいえ、もう、完全には元に戻れないことは共通しています。

9、地震予知のむずかしさ

それでは、これだけ科学が進んでいるのだし、いつ大地震が起こるのか予知してから、備えておけばいいじゃないか、という意見も出るでしょう。東京の場合、もっともさし迫った危機は首都直下地震です。30年以内に70％という数字が出ているわけですから、より精度を上げて、1日、あるいは1週間の幅でも予知ができれば、だいぶ被害を軽減できるはずです。

1975年2月4日、中国東北部を大地震（海城地震）が襲いました。しかし、中国国家地震局には数日前から、動物が異常に騒いでいるという情報が大量に寄せられていて、100万人を越える住民の避難を決断し、人的被害を最小限にとどめることができました。地震予知の輝かしい成功例です。

しかし、中国では今のところ予知に成功したのはこの一度だけです。科学的な情報分析だけでなく、ナマズ、蛇、鳥、地震雲など、さまざまな地震の兆候現象も研究していますが、どうも、科学として確立させるのは現状では難しいようです。北京の中国国家地震局を訪問すると、玄関先で大ナマズが出迎えてくれますが、21世紀になっても、地震予知についてはナマズ頼りだった昔からあまり進歩がありません。

日本では、各地で観測した情報を集積した理学的な手法による予知が行われています。どのくらい活断層やプレートに力が溜まってきているか、ある程度のところまでは見当がつきますが、いつ、どこで、どれくらいのマグニチュードの地震が起こるかはまだ予知不能です。今後数十年間に大地震が起こる確率を、パーセンテージで示すくらいの精度が限界です。

もちろん、分かりやすい地震もあります。たとえば、有珠山地域では、噴火に先行して火山性の地震が起こるという現象は何度も繰り返されていて、火山活動に注意していれば予知は可能です。しかし、ほとんどの地震は、阪神・淡路大震災や新潟県中越地震のように、予告なく起こります。地震予知に湯水のごとく予算を使えるものでもなく、ある地域での危険を察知する可能性があるという範囲に留まらざるを得ないのが現実です。

人間にとって1年は長くとも、地球の経てきた年月を単位にすればほとんど一瞬であり、10年という単位ですら、ほぼ同時の現象です。週、日、分のような、人間の手による細かな区切りでの予測など、ほとんど意味がありません。地球の歴史の長さから見れば、東京はいつも地震が起こっている状態という理屈になります。

10、カスケーディア地震帯の活動

6世紀から歴史に地震の記録が残っている日本は、まだしもマシかもしれません。国家の歴史の浅いアメリカなど、300年前に起った大災害などないも同然です。そこで、300年以上に1回という長い周期を持つ地震があると判明したら、困った事態になります。

前に述べた、アメリカ北西部のカリフォルニア州・オレゴン州沖から始まって、シアトル沖からカナダのバンクーバー沖にあるカスケーディアの地震帯では、300年から350年に1度M8からM9の地震があり、大津波も起こっていました。文献資料がまったくないので注目されませんでしたが、海岸でボーリング調査をすると、地震によってかく乱された堆積物の地層が12層あり、地震の回数と周期が分かったのです。

前の大地震は、1700年1月26日午後9時半頃に起っています。これは実は、海をへだてた日本の記録から逆算して判明したことでした。そのとき、東京と岩手と静岡の沿岸で津波の被害が出ており、しかも、揺れの記述はまったくなかったのです。かけ離れた場所に津波が来て、揺れもないということは、震源が近海ではなく、太平洋を越えて大津波が日本まで来たことを意味するわけです。

当時、アメリカもカナダも建国前で、歴史は書き残されていません。古い伝承に、「冬の夜に、大きな波が来てテントがたくさん流された」とあるので、大地震と津波があったと推測はできるのですが、役には立ちません。地層の乱れと日本の津波記録により、ようやく地震の危険度が明らかになりました。

しかも、シアトルの辺りはウォーターフロントが広範囲に利用され、カリフォルニア州北部沿岸には原子力発電所が立地しており、地震や津波にはとても弱い。地震や津波の危険を知らずに開発し、気づいたら遅かったというわけです。前回のカスケーディア地震から300年後の、2001年2月28日にシアトルでM6・8という強い内陸地震が起こりました。

直下型地震が何発か起こり、プレート境界型の大地震が起こるという地震シナリオがここでも適用されるとすると、カスケーディアの地震帯では、いつ何が起こっても不思議ではない状態です。ワシントン・オレゴン・カリフォルニア・ハワイ・アラスカの5州で地震津波協議会を組織し、今、対策に大童《おおわらわ》です。

シアトルやバンクーバーに大地震が来れば「スーパー都市災害」になる可能性があります。東京と同じように、目前に危険が迫っている大都市であることが、日本の津波被害の記録によって判明したわけです。もし太平洋を越えて日本まで津波が来るような大地震が起こったら、シアトルやバンクーバーにどんな被害をもたらすのか、想像するのは難しい状況です。

11、いつ誰が災害に遭遇するか分からない

成熟した大都市では、災害の質も変わります。技術の進歩によって、毎年決まって訪れる台風や大雨についての対策はだいぶ進み、さほどの脅威ではなくなりました。しかし、大雨や大雪など「観測史上最大」が毎年のように報じられるいま、偶発的な災害による被害が増える一方です。災害は、いつどこで誰が遭遇するかわからない、交通事故のような事態になりました。

誰も大被害を予測できなかったハリケーン・カトリーナこそが、新しい災害像の典型になるでしょう。

2005年末、秋田県湯沢市の泥湯温泉で、東京大学大学院助手の一家4人が硫化水素ガスを吸って亡くなるという事故が起こりました。硫化水素ガスの恐怖を地元の人は知っているはずですが、観光客が雪の中に溜まっているガスについての知識がないのは仕方のないことでしょう。同様に、異常気象による突発的な事故は、今後も予測困難な形で起こるでしょう。

住宅の選び方も、子供の通う学校、通勤の便利さ、騒音や環境などのファクターが重要視されていましたが、今後は、災害や犯罪のリスクをきちんと評価する必要があります。地震が起こる可能性、水害が多発する地域、犯罪が多く治安の悪い街など、検討する要素は変わってきます。東京は「スーパー都市災害」が起こるから、という避け方も、ありうる時代でしょう。防災上は、一極集中が一番の問題点なのですが……。

家を購入する時の情報も、これまでは売り手である不動産業者が一手に握っていて、駅から何分で、ここは所得の高い人たちが住んでいますからいい土地ですよ、などというあいまいな話で済んでいました。自治体にとっては、地域リスクの情報公開が急務となります。成熟社会では、被災後の再建が難しく、コストがかかります。多少の困難はあっても、安全な街に住む方が結果的には安くつくという智恵も必要です。戦国武将が城を建築する時に考えた戦略と似通った発想法が必要になってきます。

12、大災害に遭遇する確率

都市に住む人間が「スーパー都市災害」と遭遇する確率はどのくらいあると考えておけばいいのでしょうか。その心構えについて、確かめておきましょう。

まず、阪神・淡路大震災のような内陸活断層による地震（プレート地震）は、だいたい数千年から1万年に1回しか起こりません。これは、どの土地に住んでいたとしても、プレート地震のような大規模地震は確率的にほとんど危険性を考えなくていい頻度ということです。だからといって本当に無視してよいのでしょうか？　その答えが阪神・淡路大震災の大被害です。つまり、超低頻度の災害に、発生確率と被害額の積の大きさで対応を決めるという、一般的な基準を適用してはいけないのです。

一方で、なぜか、阪神・淡路大震災と新潟県中越地震の両方を経験したという人がいるから、何とも複雑な思いにさせられます。阪神・淡路大震災に遭って故郷の新潟に里帰りしていたという経緯が多いようですが、確率的にはかなり低い話でしょう。あるいは、関東大震災と第二次大戦の戦災と阪神・淡路大震災を経験したという人もあります。

防災についてのヒアリングを進めていると、しばしば、確率を越えた現象に出会います。つまり、地方在住のビジネスマンが東京に出張していて大災害に遭遇する確率と、東京在住の人が大災害に遭遇する確率を、比較の対象にすることは難しいということです。

あるいは、震源域と規模がどうなるかによっても、遭遇する確率はかなり左右されます。さきほど述べた東海・東南海・南海地震の周期は、だいたい100年に1度です。前回の安政東海地震は1854年で、もう150年も経っていますから、いよいよ危険が迫っているということになります。

しかし、この地震の震源域はかなり幅広い地域にまたがっていて、いつ起こるかと同じく、大陸プレートのどこにズレが生じて震源域と規模がどのくらいなのかを、科学的な手段で正確に予測することは、ほとんど不可能です。海中の大地震になって大津波をもたらすか、あるいは人口密集地がもろに震源域になって都市災害をもたらすか、どちらであってもまったく不思議ではありません。われわれは、その双方について、危険を想定して備えを進めるよう義務づけられるわけです。

防災の専門家として、まず申し上げたいのは、すべてを確率的に割り切って、災害が起こるという可能性を忘れているのが一番危険だということです。意識していない危険には、人は対応することはできません。少なくともわたし自身は、京都から東京に出張する場合、いつも首都直下地震を想定して行動することに決めています。

13、天災と人間

自然の特徴は、不規則性と多様性です。われわれは、数限りない自然のバリエーションの中から、人間の目盛りに合わせて、防災に役立つ特徴を取り出しています。しかし、台風は毎年来ることは確かですが、同じ進路を取って降雨量も一緒という事態はありえません。地震の場合も、かなりのレベルまで法則性を見出すことはできますが、わたしたちの時間・空間感覚と同レベルで捉えることはとても困難です。

首都直下地震が来るかどうか、結局、事前にはその危険を指摘することができるだけです。あるいは、台風、津波、豪雨についても、来ている最中にとてつもない災害に発展するかもしれない、という可能性を指摘することに留まるでしょう。しかし、伊勢湾台風の例を挙げるまでもなく、ハリケーン・カトリーナのような超巨大台風が来る可能性もあります。地球の温暖化のようなトレンドがあると、一つ一つの現象の振れ幅が大きくなって、巨大災害が起きやすくなります。多雨な年のつぎに渇水が起こったり、２００６年豪雪のように20年ぶりに大雪が降ったり、毎年のように異常な現象が起こっています。しかし、いずれの場合も被害が大きくなるのは、わが国では社会的な増幅要因があるからです。そのような意味から、わが国では「天災」は起きないと断言してよいでしょう。地震も例外ではありません。首都直下地震の被害がたとえ未曾有であっても「人災」であることに変りありません。

防災の専門家がいつも直面する壁は、根拠です。ある人が、これまで自分の人生で大災害は経験したことがないからこれからも遭わない、という立場を採れば、説得は不可能です。未来に起こる災害を確実に予測することは、誰にもできません。人の一生の長さを目盛りにして考えれば、ある人間が大災害に遭遇することは、とてつもなく確率が低い現象です。

人が「スーパー都市災害」に遭遇するか、しないか。おそらく、一生縁がなかったという幸運な方が多数派になるでしょう。また、災害を恐れるあまりに、負担の大きな備えを選択したら、ついに無駄だったというケースが起こることも多いようです。防災・減災とは、ほとんど起らない現象に対して備えることです。

第2章　混沌都市に起こる悲劇

1、グラウンド・ゼロの教訓

9・11同時多発テロは、世界にとって大きな禍根となる愚挙でした。21世紀の世界は、集団の中に、ある一定の割合の危険分子が含まれており、いつどこで暴発するか分からないという可能性を孕んだ状態であることが明らかになった事件です。しかし、日本人はすでにオウム真理教による地下鉄サリン事件という無差別テロを経験しています。公共の交通機関ですら疑いの対象となる心理的な後遺症が、現在でも拭い去るどころか、より強くなっているのは、もはや周知でしょう。

１９９５年の始めに起こった二つの事件、阪神・淡路大震災という自然災害と地下鉄サリン事件というテロ（＝人災）は、都市がどのように危険な場所になっているか、われわれに新たな認識を迫りました。この二つの事件が「スーパー都市災害」という概念を生んだといっても、過言ではありません。

そして、9・11同時多発テロによるツインタワービルの倒壊は、理不尽な暴力が降りかかってくると、都市がどれだけ脆弱な姿を見せるか、あらゆるメディアを通して、世界中にリアルタイムで示しました。もちろん、テロが起こる可能性は、いつの時代でも、さほどの変化はないでしょう。しかし、昔とは、テロリストが所有している武器が違います。サリン、飛行機そして核兵器。技術の進歩により誰でも強大な破壊力を持つ武器を簡単に入手できます。

つまり、先進国はすでに、テロについても、自然災害と同じように周期的に必ず起こり、どんどん被害が大きくなってゆくと想定しておかないと、対処できない状況に入っていると考えていいでしょう。これは、都市に起こる災害が、これまでの概念で捉え切れずに、「スーパー都市災害」という想定を必要とするようになった状況と、とても似通っています。

無差別テロと「スーパー都市災害」は、時代の中に一緒に到来した巨大な敵です。

2、ニューヨークはバイオテロ訓練1日前だった

防災という視点から、9・11同時多発テロを見直してみます。

2001年1月、ニューヨークは全市を挙げて、バイオテロを想定した第1回の大規模訓練を実施しました。このような訓練の重要さは、強調してしすぎることはありません。なぜなら、第2回の訓練予定日が、9・11の翌日の9月12日だったのです。実際に起こった事件は飛行機を使ったテロでしたが、バイオテロに対する訓練と同じ対応をする形で、事後処理は比較的ス

ムーズに進みました。ニューヨークのジュリアーニ市長（当時）は、防災訓練を設定しておくべきだという意志を示したことで、テロに対して、見事なリーダーシップを発揮したわけです。

アメリカは、危機管理という領域において、報道されている通り、さまざまなテロ情報が寄せられていたにもかかわらず9・11という災禍の発生を防ぐことはできませんでしたが、起こってしまった惨事に的確に対応することはできたわけです。ジュリアーニ市長が訓練計画を立案・実施していたかどうかでここまで運命が左右されるわけですから、何が幸運と不運を分けるのか、まったく想像のつかない時代です。

9・11を経験して、アメリカ国家はどう考えたのでしょうか。18万人を超える職員を抱える国土安全保障省という新しい省を作り、FEMAは局に格下げになりました。沿岸警備隊、航空管制局、シークレットサービス、国境警備隊など、有事には同時に動かなくてはならない組織の管轄がバラバラだったことを反省し、大組織を編成したわけです。テロや自然災害についても、国家同士の安全保障問題と同列に考えるという戦略をはっきりと示して、カトリーナ対策など、さまざまな経験を積み重ねています。省の発想は、情報機関なども総動員して、事前にテロや災害を防ごうというものです。アフガニスタン侵攻や対イラク戦は、テロを起こしそうな国は事前に叩こうという国家的な戦略から生まれました。呆れるくらい、単純明快な考え方です。しかし、起こってからでは遅いというだけで戦争を起こせるアメリカという国は、国家戦略を実行に移すという強みを持っています。

もっとも、彼らも新しい大組織ゆえ、まだまだ不安定です。カトリーナの時も、情報は大量にあったにもかかわらず、国土安全保障省の傘下に入ったために規模が縮小されたＦＥＭＡの対応は後手に廻り、批判にさらされました。やはり、災害が起こった後の対応は苦手なのでしょうか。ただし、国民に対するアンケートを見ても、「テロとの戦争」であるイラク占領戦は、かなりの犠牲は伴っているものの、ベトナム戦争のごとく「大義のない戦争」という批判ばかりではありません。国民にとって、よほど9・11で受けた傷が深かったのだと思います。

わたしたちは、アメリカはテロと災害と戦争を同じジャンルで捉えているのだ、と考えておかないと、どこかで理解を誤ってしまうでしょう。

3、アメリカ民主主義の強力さ

グラウンド・ゼロの跡地利用についても、ニューヨーク・ダウンタウン・アライアンスというＮＰＯが大きな影響力を発揮しています。同時多発テロ事件後に、州知事や市長に対して復興計画の策定手順を提案した組織で、ワールド・トレード・センター（ＷＴＣ）の跡地利用を中心に、大きな打撃を受けたダウンタウンの復興を担っています。全世界からデザイン案を募集し、コンペティションを経て、メモリアルタワーの設計案が決定し、２００9年落成を目標に建設が進められていることは、ご存知の方も多いでしょう。

このＮＰＯは、復興は市民自らが中心となるべきという考え方のもと、情報公開を心がけながら、遺族などに対する配慮を含めて、都市計画事業を統括しています。ニューヨーク商工会議所の会頭や遺族の代表などさまざまな顔が集まり、徹底的に民主主義的な手段で、テロで受けた犠牲をみなの手で回復しようとしています。市が所有する土地に建てる低所得者の集合住宅の建設計画まで請け負っていて、NPOとしてはすごい権限を持っています。

跡地の利用が政治的かどうかで議論が分かれるなど、復興がスムーズに進んでいるという印象は受けませんが、ここまで民の力を発揮させるという懐の深さは、日本にはない感性です。日本の場合は、阪神・淡路大震災、あるいは地下鉄サリン事件についても、すべてが行政次第という姿勢がほとんどで、追悼と復興は自助努力、という意識は少ないようです。

わたしは、日米共同の国際共同研究の組織づくりを担当した際、マッチングファンドの名のもとに、日本側が提案した研究テーマとは微妙に違う米国側のテーマと組み合わされて、結果的に向こうの国益に沿うような線に誘導される、という経験を何度もしています。会議の進め方一つでも、他国の人の戦略にはそのまま従わない、という意識が徹底されています。覇権国らしいですね。一方で日本側は、だいたい、どの国に行ってもテーマに異を唱えるような行動はほとんど見られず、お任せします、という姿勢で通す傾向にあります。

4、もし愛知万博に大地震が来ていたら……

忘れられがちですが、防災の大原則は、きちんとした備えをしておいた上で、災害が起こらなかったことを喜ぶということです。防災は、費用対効果という考え方に馴染みません。日本の行政は一般に、もし大災害が起こったらどうなるかという発想をしません。災害は起こらないという前提で、対策をしなくても無事ならば、防災にかける費用はムダだったのでよかったという認識になります。首都直下地震の場合は、あまりにダメージが大きいことが想定されるために重い腰を挙げていますが、災害はすべて、起こってからでは遅いものです。

財務省の予算配分を見ていますと、防災の分野は福祉や環境に必ず負けます。行政は既得権や実績が優先されるので、起こらないことや被害が少なくなることに対して先行投資をする防災はいつも後回しにされるのです。

愛知万博は大成功でしたが、東海・東南海地震がもし開催中に起こったらどうするかという対策は間に合いませんでした。会場が混雑した状態での非常口の確保や、防災用の空きスペースなど、充分な情報提供や災害対応はできていなかったのです。もし、会期中に大地震が起きていたらどうなったか？　想像するとぞっとします。面白いパビリオンを提供することは第一目標になりますが、防災に頭が廻るのはいつも最後です。

防災は最初から設計構想に入れておけば、費用は安くて済むものです。愛知万博では、付け足しのようにあとから地震対策を考えたため、小手先の設計変更が増えるばかりで、きちんとした対策はできませんでした。しかも、あらかじめ引いていた設計図を細かく変更したのでは、手間とコストと時間がかかります。あげくの果てに運だのみでは、取り返しのつかないことになりかねません。幸運にも起こらなかったのですから、これらの地震がもし起こっていたらどうなっていたかを検証するぐらいの賢こさは必要でしょう。

５、東京という混沌

さて、目前に迫りつつある首都直下地震に対して、われわれはどのような防災戦略を立てることができるでしょうか。

東京は、パリやロンドンなどの都市計画が行き届いた街並みとはまったく逆の、勝手に成長してきた都市です。災害についての配慮は、まったく成されないまま発展してきました。新宿、品川などの最先端地域は、都市計画家と建築デザイナーの構想力によって構築されており、耐震強度の問題よりむしろ、電気などのライフライン途絶によるエレベーターの閉じ込めなどが心配されます。

また、足立区、葛飾区などの下町では、日常生活の便利さを優先して歴史を重ね、都市計画とは無縁の町並みが形成されてきました。こちらの方は、耐震強度に欠ける家屋の倒壊や火災など、防災についての備えが不足しているために起こる被害が中心でしょう。東京の問題は、災害における脆弱さがまったく違う街が、モザイクのように入り交じっていることです。

新宿、池袋、田園調布、下町……。高層ビル街と老朽化した住宅街では、被害の様相がまったく違うために、必要となる手段が違います。建物が無事でも、ライフラインもすべて途絶し、時間が経って被害が出てくるケースもあります。東京消防庁が、こうだ、と対策を確定できるような都市ではないのです。

混沌とした町・東京。

阪神・淡路大震災の時も、救急車や消防隊などの防災資源をどう配置するかで混乱をきたし、助かる命も助からないという事態が多発しました。東京の場合、被災の範囲は神戸と比較してより広域となり、千葉・埼玉・神奈川など他県にまで影響を及ぼすでしょう。今からでも、災害に強いまちを作る、という努力は、遅すぎることはありません。

6、被害の中心はライフライン障害

阪神・淡路大震災は不幸な災害ですが、得た情報を検討することによって、あるレベルまで大都市に起こる災害を想定することが可能になってきました。「スーパー都市災害」首都直下地震について、われわれが、どのような事態に対応すればいいのか、全体像を論じてみます。

まず、首都圏全域において、都市型災害、つまりライフラインの途絶による被害が起きます。この対策が、やはり、一番の中心になるでしょう。広範囲で、ガスのパイプライン、送電線、水道管が被害を受けて、ガスや電気が来ないという状態が続くことは、間違いありません。これは、供給側の努力を促すほか対応のしようがない障害です。

阪神・淡路大震災を例に挙げると、ほぼ完全に復旧するまで、電気は比較的早くて1週間弱、

ゆれ・液状化による全壊建物棟数分布

東京湾北部地震　M7.3

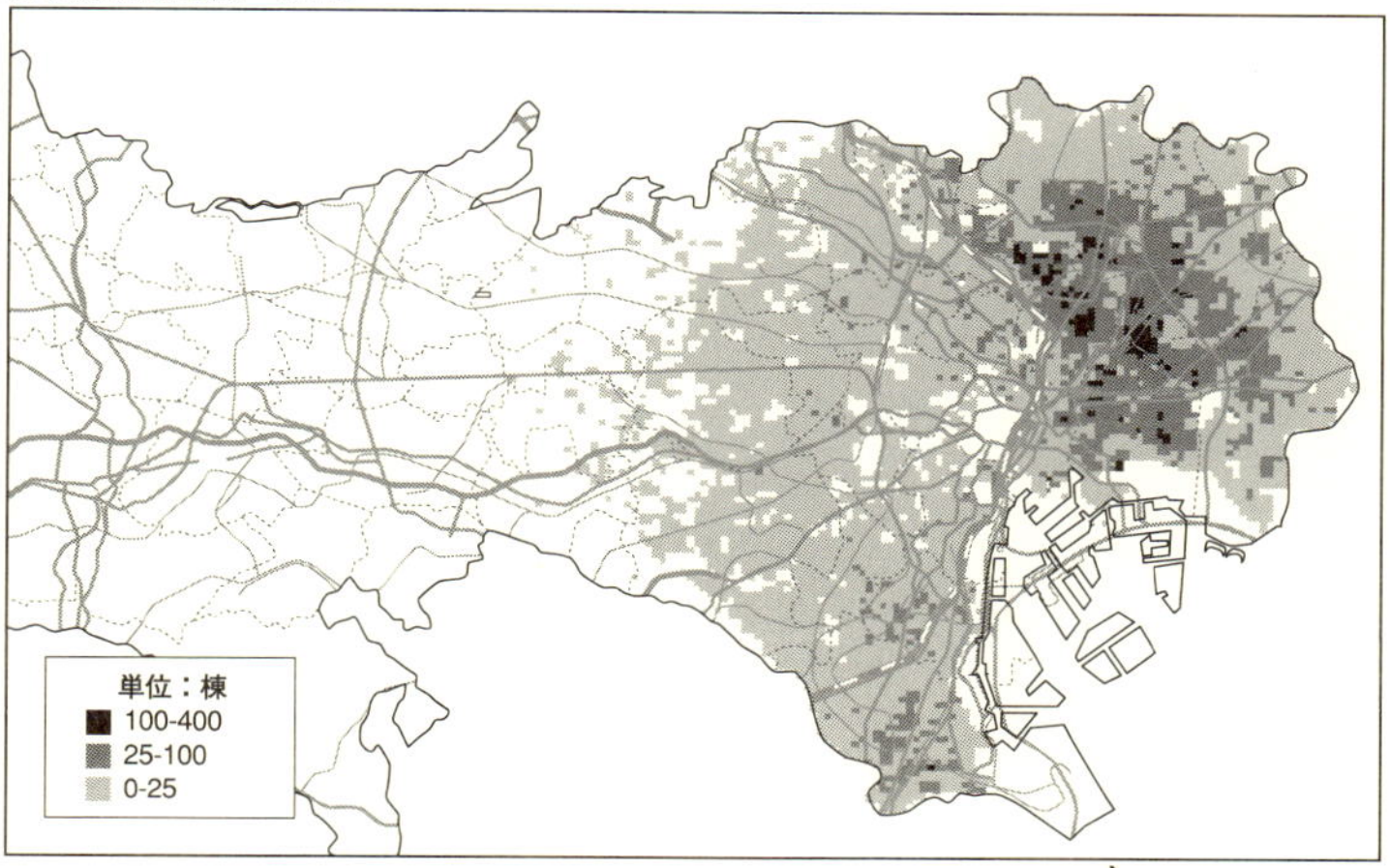

細街路の閉塞率分布

東京湾北部地震　M7.3

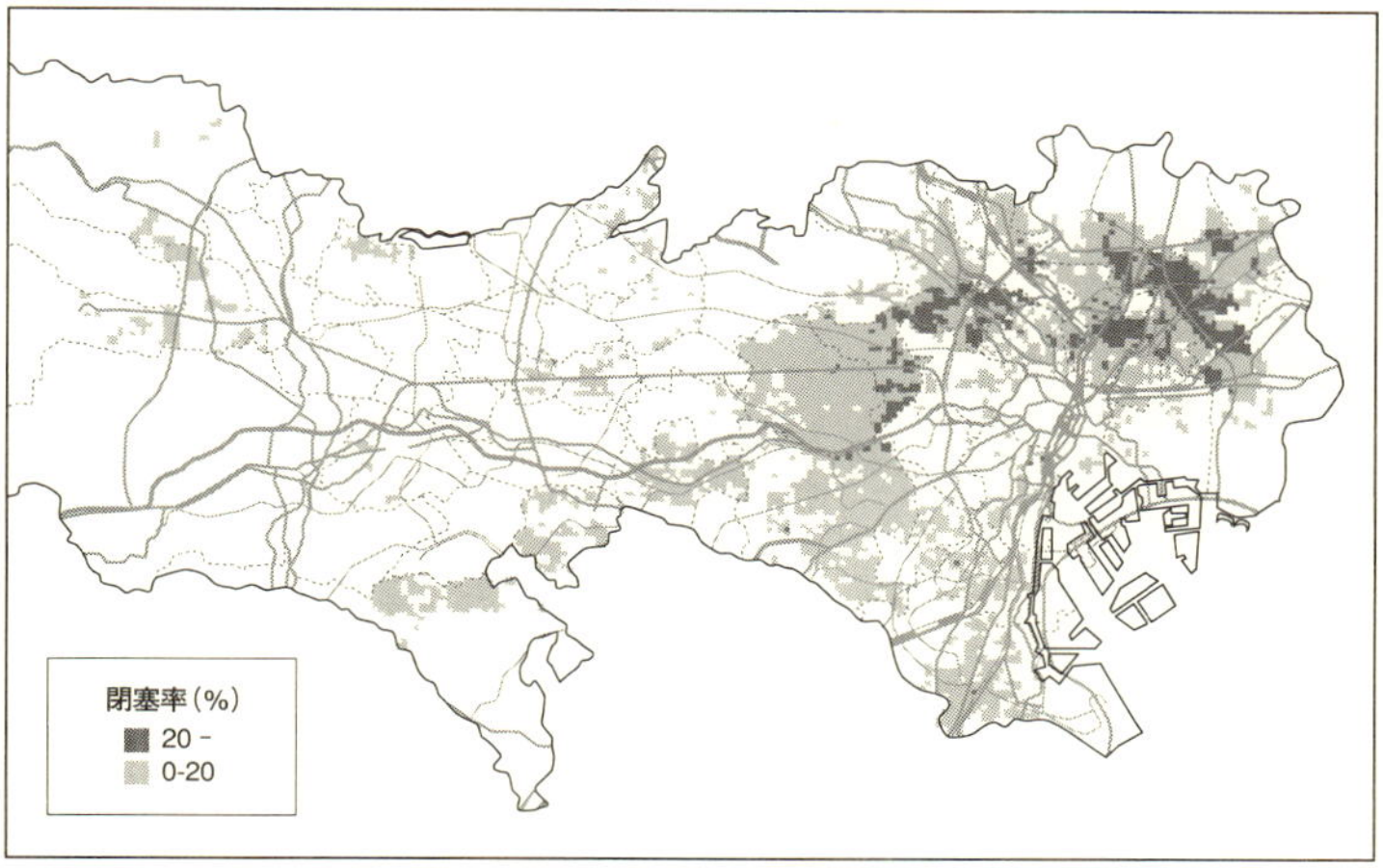

※車両通行禁止区域境界は、警視庁の定める環状7号線と国道246号線からなる。

ガスと水道は3カ月ほどかかりました。その期間を短くするよう努力はされていますが、覚悟は必要でしょう。また、電気は早いといわれていますが、発電所そのものが被災すると、復旧はより困難です。ぜひ、発電所の耐震補強への配慮をお願いしたい。もっとも、東京電力の発電所は、柏崎・福島の原発、近隣ダムの水力、湾岸などの火力というように、かなり分散した場所に設置されているので、全部がだめになることはありえません。

また、阪神・淡路大震災の前に敷設されたガス管や水道管は、ほとんど耐震補強が施されていませんでした。新しく敷設されたものだけが耐震性を考慮されており、地域内で混在している状況です。重要度に配慮し、少しずつ安全性を高める努力が進められていますが、いつ完了するか目処は立ちません。首都圏のライフラインの被害様相を想定するのは、とても難しい状態です。さしあたって、電力のかなり早い回復は見込めるので、3日間くらい混乱すると覚悟しておけば十分でしょう。

病院、消防署、市役所、地下鉄のトンネルなど、停電による機能の停止ができない場所には、だいたい自家発電機を備えつけることが義務づけられていますが、燃料や冷却水などがどうしても必要となるため、動かないというケースもあると考えられます。

連絡のためにもっとも重要な役割を果たす電話は、多くの人がいっぺんに被災地にかけようとするために、輻輳と呼ばれる現象を起こし、かかりにくくなります。阪神・淡路大震災の時は携帯電話の普及台数が比較的少なかったために、つながり易かったのですが、現在では事情がまったく違います。基本的には、通常の連絡手段は使えないと考えておいた方がいいでしょう。高度なインフラを必要とするインターネットも、個人間のメール交換ができるかどうかは微妙です。

阪神・淡路大震災のケースを見ると、電話が普通に使えるようになるまで、ほぼ3日間かかりました。これは、建物の下敷きになった生存者を救うことができる3日間、「黄金の72時間」と呼ばれる時間と同じです。家族や同僚などの安否確認をどのようにして行うか、後で解説しますが、普通の方法では無理だということを、家族や知人の間で、周知徹底しておく必要があります。

7、火災は、ビルは、道路は……

被害の大きさが心配されているのは、環状6号線や7号線というサークル道路沿いに、古い木造住宅が立ち並んでいる地域です。東京湾北部を震源地として想定すると、大きな揺れが襲うことが想定されます。建物の耐震補強が進んでいない上に、建物の倒壊や大規模な火災など、最も危険な現象が多発すると予測されています。

その上、幅12m以内の狭い道路も同じように、23区内では東部の荒川沿いと、西部の環状7号線沿いに集中しています。これらの地区は、渋滞や大量の瓦礫の発生の影響が大きく、消防車などの活動は難しいでしょう。断水で消火に必要な水もなく、川や海から調達する方法など、さまざまな手段が模索されていますが、円滑な消防、救助活動は期待薄です。

阪神・淡路大震災の時、家の下敷きになって生き埋めになっている人を救助したのはほとんどが近隣住民であり、全国から救援隊が到着したのは2、3日経ってからでした。緊急時に、どこかから助けが来る、という発想は、捨てた方がいいです。

オフィス・ビル街では、2005年の福岡県西方沖地震を経て、耐震補強が足りない古いビルの問題とは別に、窓ガラスが割れるという危険が明らかになりました。新しいビルには窓枠とガラスの接合面での工夫や丈夫なガラスが採用されていますが、表通りはともかく、路幅が狭い裏道は古いビルが立ち並び、かつ障害物が多くて、事実上、車も人も通れない状態になるでしょう。ですから、一般的なビルの場合は、すぐ外に出ることは危険です。

高層ビル街において特に心配されているのが、エレベーターの閉じ込めです。都の発表によると、東京都全体の14万5千台ほどのエレベーターのうち、区部にある8千台から9千台で、人を載せての閉じ込めが発生すると想定されています。被害者は約6千名。すべて、停電が解消されるか、エレベーター技師などの救援が必要とされます。

エレベーターの閉じ込めは、「スーパー都市災害」において、ライフラインの途絶が生む二次災害の典型的な例です。対策は、地震が来たら、すべての階のボタンを押して近くの階から逃げ出すことしかありません。お忘れなきよう。

4車線以上の幹線道路は、すべて緊急輸送道路になります。23区内の場合、すべての高速道路、環7、環8、青梅街道、新青梅街道、蔵前橋通り、目白通り、日比谷通り、桜田通り、第1・第2京浜、中仙道、水戸街道、中原街道、目黒通り、甲州街道などで、これらの道路は緊急時、救急車両しか通れない規則になっており、交通規制が成されます。わざわざ道路名を挙げたのは、東京から移動しようとする場合、これらの幹線道路を通らずにゆくことは、事実上不可能であることを知って頂くためです。

しかし、実際に首都直下地震が起きた場合、どんなに広い道路でも、スムーズに救急車両が通れることはありえないでしょう。走行中に立ち往生した自動車、瓦礫、ガラス、帰宅困難者など、人や車、障害物が集中して大滞し、身動きが取れなくなります。交通信号も停電のため、これだけで交差点は大渋滞します。

阪神・淡路大震災では、地震の後、神戸を通って大阪に通勤する人や、全国から集結しようとするボランティアなど、個人の判断で外から被災地に入った車が原因で渋滞がより激化し、救うべき命を救えなかったという事態が起こっています。対策は、一人でも多くの人に、被災地での渋滞の危険を訴えることにより、とにかく一般の人が車で移動しないことを理解してもらうことが重要だと考えています。

8、650万人の帰宅困難者

東京23区に、毎朝、通勤・通学者がどのくらい入ってきているかご存知ですか。神奈川県と埼玉県の両方がそれぞれ90万人、東京23区外から61万人、千葉県から100万人、茨城県から6万人。この人たちの相当部分が帰宅困難者になります。地震の起こる時間によって違いますが、ビジネスアワーですと都内居住者も含めて650万人が家に帰れません。

ＪＲ新宿駅や渋谷駅の1日の乗降客は400万人を越えています。駅にはラッシュアワー時だけ人が集中しているわけではありません。ターミナル駅では、電車が動いているどの時間帯に地震が起こっても大きな犠牲が出るでしょう。東京の地下鉄もいつも混雑している路線が多く、切れ目なく人が動いており、とても予測が難しい状態です。

都心の丸の内、霞ヶ関だけでも、昼間に大地震が起こると180万人が家に帰れなくなるというのですから膨大な数です。昼と夜であまりに人口が違うため、避難所、食料、生活必需品がどれだけ必要になってくるのか、とても推測が難しくなっています。

基本的に、広域避難所は小・中学校や公園が指定されています。しかし、今のところの想定では、近隣住民の人口分の備蓄しかしていません。食料、医薬品、トイレなど、誰にとっても切実な問題ですが、どこにどれだけの人数が集まるか想定ができない帰宅困難者については、避難所に来てくれるな、と呼びかけるしかないという状態です。わたしは、会社などの、東京に出てきた先のコミュニティに対して、大きな期待をしています。

アンケート調査などから帰宅困難者の行動を予測すると、約半分弱が、どうしても帰宅しようと、被災直後に動き始めるとされています。安否確認がかなり困難である以上、止むを得ない事態でしょう。少なく見積もっても、２００万人を越える人間が、一斉に家へ向かって歩きはじめるわけです。

しかし、帰宅困難者はどこを歩くのでしょうか？　片側1車線、2車線の道路は、瓦礫や割れたガラス、乗り捨てられた車などが散乱していて、とても歩けません。事実上、さきほど挙げた緊急輸送道路に被災地のすべての輸送手段が集中してしまうことは、火を見るより明らかです。

「スーパー都市災害」の大きな特徴が、帰宅困難者の問題に集まっています。昼間と夜間で人口や構成員が違い、しかも居住地が遠いケースが多いため、地震が起こる時間や場所などによって、被災全体の様相はまったく変わるということです。

耐震補強が済み、家具の転倒への備えを済ませた家で、朝の5時に大地震に遭遇したと想定してみましょう。命は安全で、家族全員の安否確認の必要もありません。食事の支度前ですから、周囲が火事になる心配はないでしょう。ご近所のコミュニティとの連絡も密接なままですし、個人としては、もっとも幸運な被災パターンの一つです。帰宅困難者になるということは、逆の事態ということです。

どのように行動すべきかについては、この本の後半で論じますが、まず、自分が帰宅困難者になる、という想定をしてみることが対策の第一歩でしょう。「震災時帰宅支援マップ」を片手に、会社から家まで歩いてみるグループがあるそうですが、たいへんいい試みだと思います。

9、地域によって違う危険

その他、心配されている事態を挙げましょう。

東京湾沿岸の干拓地域は地盤が悪く、揺れにより土地が支持力を失い、上の構造物が傾いて、壊れてしまう可能性があります。また、大きなタンクにやや周期の長い地震波による揺れが伝わると、中に入っているナフサや重油がゆっくり揺れます。その揺れの周期と地震の揺れが共振すると、浴槽の湯が交互に揺れるようなスロッシングと呼ばれる現象が起きて、破壊の怖れがあります。2003年の十勝沖地震では、震源から250km離れた震度4の苫小牧で、出光興産の北海道製油所の105基ある石油タンクのうち約50基が被害を受けました。

500t以上の容量を持つ石油タンクのうち、耐震診断を受けず耐震補強を施していない古いタンクが東京湾沿岸に、およそ2千基あります。全国でこうした悪い規格の石油タンクが約8千あるのですが、実に4分の1が東京湾沿岸にあるのです。

東京はどんどん地下水位が高くなり、地盤の液状化が起こりやすくなっていますので、地下構造物の壁に亀裂が入ると水漏れがします。地震が起こった直後には何も起こらなかったのに、1日経ったら地下鉄や地下空間が水没してしまった、というケースも考えられます。

瓦礫の発生量も最大で9千600万tと予測されており、阪神・淡路大震災が1千850万tでしたから約5倍の量です。安政江戸地震で江戸幕府は各藩邸に瓦礫の山を作り、関東大震災では使われていない濠や運河を瓦礫で埋めましたが、今はそれらに類するオープンスペースがありません。1億t近い瓦礫が出れば、東京は身動きできなくなるでしょう。

10、犠牲者は避けられない

被害想定の最後は、やはり、犠牲者の数になるでしょう。最近、都市での大地震の際、被災地人口の約0・1％が死亡するという事例が重なりました。この数字は、建物の全壊・倒壊が犠牲者の数を支配する地震で当てはまります。阪神・淡路大震災では被災地人口550万人で直接の死者5千人。1999年のトルコのマルマラ地震では被災地人口2千万人で死者が1万8千900人。同年の台湾の集集地震でも被災地人口240万人で死者2千400人。

専門調査会の中では、建物の全壊、土砂くずれ、火事などで出る犠牲者を積み上げ方式で計算しているのですが、計算してみると結果は、被災地人口の0・1％という数字とほぼ一致するのです。首都直下地震が起これば、被災地人口は3千万から3千500万人ですので、その0・1％である3万人の犠牲者が出るという推測が成り立ちます。東海・東南海・南海地震の方は、被災地人口5千万人ですので、5万人の犠牲者を想定してもおかしくありません。

中央防災会議では、M7・3の東京湾北部地震を想定して被害の計算を進めています。地震の揺れによって住宅15万棟が全壊し、火災で65万棟が全焼。東京北部地区では死者1万1千人が出て、その原因の57％が火災、30％が家の全壊・倒壊である、と推測されています。

全壊・倒壊した家から自力で脱出できない人は、阪神・淡路大震災で2万7千人でしたが、首都直下では4万人を超えるでしょう。家の中にいても、4万人もの人が閉じ込められて誰かの助けを必要とする状態になるわけです。被害総額112兆円。あまりにおどろおどろしい数字ですが、起こる可能性の高い現実的な値として想定され、首都・東京の防災計画は進められています。政府の地震防災戦略は、今後10年間で人的被害は半減、経済被害額は4割減を目指しています。しかし、具体目標はいずれも達成が難しいものばかりです。

11、発展途上国の災害視察の意味

あまりに深刻な話題が続きましたので、少し東京から離れて、災害対策の原点に帰ってみたいと思います。「スーパー都市災害」は、普通ならありえないことが、大都市が舞台になったせいで起こるものです。被害を想定してゆくためには、どんな要素が災害を拡大する原点となっているかを探し、もつれた糸のようになっている被災様相を解きほぐす必要があるのです。

防災学者はどうやって、災害の原点を見つけるのか。それは、発展途上国の災害の中にあります。大自然の中で、人が災害に遭遇してどう反応するのか、社会の防災力がほとんど無い状態で、単純で原始的な姿が残されているのが途上国なのです。逆に、文明国の場合は、どうしても反応が知的になって、恐怖の感情が自然な形で表れてくれません。

ここで、わたしが経験した中で一番シンプルかつ巨大な自然災害の調査例を一つ挙げて、防災学者の発想法をご紹介したいと思います。

１９９８年7月、パプアニューギニアで大規模な津波災害があり、わたしたち日本隊は調査に入りました。途上国では大災害直後さまざまな入国規制があるものですが、パプアニューギニアは検疫が厳しく、日本から持ち込んだ水や食料がほとんど没収されてしまいました。卵の入った製品はすべて持ち込み禁止で、カロリーメイトでさえ、成分表にeggとあるからダメです。パック入りのウーロン茶だけは、成分表が漢字で書かれていて無事でした。わたしたちが持参してこの始末ですから、みなさんが世界各地に送られた義援物資の運命も、何とはなしに想像がつくでしょう。

パプアニューギニアの首都・ポートモレスビーはまだ近代的な都市ですが、被災地・アイタペにホテルは1軒だけしかありません。そのホテルには、軍の対策本部が置かれていて、わたしたちは、テントでの野営を覚悟しました。しかし、ワニが出る地帯です。困り果てていると、新聞記事で到着を知ったといって、牧師の草地賢一さんが、カトリックの男だけの修道院を紹介してくれました。

草地さんは、阪神・淡路大震災では地元ＮＧＯ救援連絡会議の代表を務めた人で、世界各地のボランティアに奔走していました。パプアニューギニアでも、日本からの義援金を持参して被災地に入ったものの、津波被害の特徴が分からず動けずにいて、手を拱いている状況でした。ＮＰＯ・ＮＧＯと防災の専門家は、どこでも一緒に事にあたらなくては、思うように援助活動が進まないということです。

修道院には南京虫がおり、電気を消したらざわざわと湧いて出てきて、朝起きたら、足や手がみみず腫れになっていました。パプアニューギニアは日本の真南にある国で、太平洋戦争で14万人の日本人兵士が飢えとマラリアで亡くなっています。日本軍はここまで進軍したのか、という深い感慨を持ちながらの調査でした。

中継地であるウエワクからは、軍が急造した道路を横切る20以上の川が増水して橋が流されたりして、4輪駆動車でもアイタペ入りするのはムリで、手づるを探して、赤十字のヘリに便乗させてもらいました。同行していたアメリカの調査隊は遊覧船を借りて、現地入りしました。ようやく着いた現地でも、軍や現地の担当者から、疫病が大流行しているため、災害調査という名目では外国人を被災地に入れることはできない、と断固として断わられました。必死で交渉して許可を得たのですが、その条件は、「調査が終了したら、アイタペで津波についての講義をすること」です。現地で調査に入るまでは、どうして講義の必要があるのか、正直、よく分かりませんでした。

12、パプアニューギニアで見た災害の原点

わたしたちは、毎日、アイタペから30㎞離れた南海の楽園のような被災地へ飛び、自動小銃を持った警察官と一緒に調査に歩きました。野犬化した犬がグループで襲うとのことで、調査

に入る前に必ず自動小銃で前方を掃射してくれました。地域の集落全体の人口は1万人ほどで、死亡者は約2千500人でしたから、ほぼ4人に一人が亡くなるという大惨事です。現地には、最大で13mの大津波が来たので、住民はみな怖がって山の中に逃げていました。

車道がない地域なので、食料や水を配るのにもヘリコプターが必要です。被災者が山の中のどこか1カ所に集まってくれていたら楽なのですが、どうしても小集団で点在する形になってしまいます。基本的には、ピジン・イングリッシュを使う地域なのですが、訛りがあって集落ごとに言葉が違い、お互いに生活文化が違います。山中では、言葉が同じ集落ごとにバラバラに逃げていました。

避難行動は、机上の理屈通りにはいきません。逃げるならば、文化が同じ気心が知れた者同士で集まります。新潟県中越地震で被災した旧山古志村で起こっている現象も同じことです。村には14の集落があり、行政側では1カ所にまとまって、安全な場所に移住してくれれば楽だと考えるのですが、融合はまず無理ですし、どうしても愛着ある土地に戻りたいという気持ちを強く持っています。

噴火した三宅島への帰島もはじまっていますが、長く住んでいた高齢者ほど島への愛着が強いのです。馴染んだ土地で暮らさないと生きている甲斐がない、という深い感情があることを無視することはできません。

被災地対策は、落ち着いた後の生活文化の再建まで視野に入れないと、スムーズに進まないということです。パプアニューギニアでは、被災地の復旧はなかなか難しい状態だったので、100年前に親戚付き合いしていた言葉が通じる同志的集落を探して合流してもらいました。

さて、わたしたち調査隊は、さまざまな椿事に見舞われながら現地調査を終え、約束通り、津波について講義をしました。依頼された理由は何だったのでしょうか？ 被災者がみな、「キリストの怒りにふれて津波が起こった」と恐怖で震え上がったまま山から降りてくれず、当局は困惑を極めていました。人は、これまで知らなかった現象に出会った時、宗教的な恐怖を呼び覚まされるもののようです。

わたしは、アイタペ高校で、黒板に世界地図を描いて、日本や諸外国の津波の例を挙げながら、「津波はあなたの国だけに起こったわけではありません」という趣旨で3時間話しました。100年に1度の大津波ですから、前例など彼らの頭にありません。津波は世界各地で繰り返し起こる自然災害である、という啓蒙活動をしないと、集落の安全を信じてくれないのです。後に、JICA（国際協力機構）が津波災害についての色刷りのパンフレットを作って配布し、地域住民が自然災害についての認識を深める上で、大きく貢献したそうです。

パプアニューギニアでの例から、導き出される教訓は二つあります。まず、災害についての正確な知識を持っているのといないのでは、避難行動の内容や生活再建のスピードが大違いであること。「スーパー都市災害」がどのような形で起こるか、みなさんが知っているかどうかで、社会の防災力は大きく変わってきます。これが、啓蒙活動を重視する理由です。

もう一つは、被災地の復旧は、生活文化への配慮が重要だということです。合理性一本やりで、被災者をまとめて扱おうとしても、反発が大きくて、かえって混乱を助長するということになりかねません。旧山古志村や三宅島だけではなく、どんな都市でも、災害の後に少し落ち着けば、元の土地で暮らしたい、という感情が強く吹き出すものです。

最後に、余談ではありますが、わたしたちを助けてくれた草地さんは、すでに亡くなっています。何度もパプアニューギニアを訪れて復興活動に従事していたのですが、99年末、パプアニューギニアのジャングルで蚊に刺されました。わたしは、ひどい虫の嚙み跡を見せてもらいましたが、その翌日に高熱を発して入院し、年末で検査体制も不備なうえ、ベテランの医者がおらずに、熱帯マラリアだという診断が下せず、適切な治療を受けられずに命を落とされました。災害について経験豊富なボランティア活動家である同志を失い、とても残念です。

13、21世紀の防災へ

現代社会は複雑で、一つの現象がどのように波及してゆくのかが見えにくくなっています。自然災害の現場でも、被害地域や規模が広がってゆくスピードがより加速されています。災害の外力が、想定を越えたあるレベル以上になると被害は一気に拡大し、脆弱さが露呈しやすい社会構造です。文明の利器をすべて失い、原始的な恐怖を剝き出しにした大量の被災者たち。しかも、大都市は、お互いが顔見知りという防災に有利な条件とはまったく逆の状況です。

日本では、関東大震災以降、被害をゼロに近づけようという思想で防災計画を進めてきました。津波や洪水が来れば大きくて丈夫な堤防を作るとか、治水事業のためにダムを作るとか、高速道路を頑丈にするとか、要するに公共事業主体の対応です。しかし、阪神・淡路大震災により、想定を大きく上回る外力に直面すると、すべてがお手上げになることが判明しました。「スーパー都市災害」時代の防災は、被害をゼロに抑えようという発想には立ちません。もちろん、基本は、建物や道路などの構造物の耐震補強を効率的に進めて、被害をあるレベルまでに抑え込むことです。しかし、電気・ガスなどのライフラインや、サーバーコンピュータのデータの安全確保も、構造物と同じレベルで考える必要が出てきたことが大きく違います。

また、大量の人が一度に被災して、大都市が、普段では考えられない、とてつもなく混乱した姿をさらすということを、常識として行き渡らせることも重要です。

阪神・淡路大震災後のヒアリング結果によると、地震直後の行動は、家族の安否確認と居合わせた仲間の負傷への対応が中心となります。２００４年10月23日の新潟県中越地震では、伝言ダイヤルが約35万コール（録音11万、再生24万コール）も使われました。もし、ウイークデーの地震で企業が緊急業務連絡のため、伝言ダイヤルを使用するようなことが起こると想定通りにいかなくなる恐れがあります。首都直下地震の場合は停電の範囲や電話の通話規制の度合いによっては大きな混乱が予想されます。最重点課題である安否確認ですら、このような問題点を抱えているのです。

ですから、被災地の負担を軽くするため、人流・物流を抑制するという知識を広めることが必要です。平日の昼間に首都直下地震が起こって、数百万の帰宅困難者がみな一斉に歩いて家へ帰ろうとしたら、どうなるでしょうか？　ただでさえ瓦礫だらけで歩きにくい道路は、立ち往生している自動車などと相まって、大渋滞になってしまいます。

情報伝達についての啓蒙活動も大切です。帰宅する方向の前方で橋が落ちているかどうかや、火災がどこに向かって延焼しつつあるのかなど、正確な情報がないと危険で歩いて帰ることはできません。広い道を家に向かって歩いて帰ればいいという安直な避難行動は、より大きな被害に巻き込まれる可能性があるということを、周知徹底すべきです。

この本の後半でもう一度、具体的な避難行動に即して、大都市にひそむ問題点を洗い出しますが、いずれにせよ、地震は起こらないとか、国が対策を立てているから、被害がゼロで済むというような、非現実的な幸運に頼った意識は捨てなくてはいけません。

阪神・淡路大震災を経て生まれたコンセンサスは、被害をできるだけ少なくすることや、被害を受ける期間をなるべく短くしようという「減災」計画を進めることでした。

第3章　都市防災戦略の現場から

1、首都減災

首都・東京には、政治、行政、経済の中枢機能が高度に集積しています。国の中央官庁はほとんど霞ヶ関にあり、東証1部上場企業のうち20％の会社の本社オフィスが東京・丸の内界隈にあります。大地震で停電した瞬間、それらの本社や行政機能の中枢が一時的にマヒし、その上、エレベーターなどがすべて止まって、身動きが取れなくなります。また、諸外国の駐日大使館なども、ほとんどが東京に集まっており、国際的な影響も懸念されます。もちろん、東京電力も対策を立てています。全国で唯一、給電の代替施設をもっています。丸の内や霞ヶ関地区はこれが適用されますが、被災地域全域をカバーしているわけではありません。

東京市場は世界の金融マーケットの中心の一つです。9・11テロが起こった直後のウォールストリートは4日間営業停止となり、世界中の株価が暴落しました。首都直下地震が起これば、情報がリアルタイムにニューヨーク、ロンドン、フランクフルトに飛び、日本円や株価が暴落します。インターネットを使っての駆け込みの株取引で情報を得た者がいち早く売り抜けるなど、間接的な被害は全世界に広がるでしょう。

関東大震災は東京を襲いましたが、それ以降、われわれが経験してきた大災害は、日本の中枢機能に打撃を与えるものではありませんでした。東京はたまたま、自然災害からは守られてきました。しかし、安全だった期間が長ければ長いほど、災害が起こる確率は高まり、しかも、どのような被害が起こるのかが見えにくい都市に変貌しています。

しかも、東京の場合、広い土地に首都機能だけが集中しているのではありません。これまで論じてきた通り、住宅や店舗など雑多な要素が混在しています。重要なビルについては、さすがに耐震補強は十分のはずですが、老朽化した建造物などがあるケースは、周囲に被害が拡大するのを防ぐのが難しい状況です。

テレビ・ラジオなどの放送の全国ネットの中心も東京です。これまでの大地震とは違って、全国的な情報の伝達に支障をきたす可能性が大いにあります。加えて、電子データという要素も新しく加わっています。インターネットの発達や、金融・情報の国際化によって、社会情勢は著しく変化しました。

東京ではバックアップ・データの保管場所は70%がシステムと同じ場所になっており、システム全体がダウンした場合、データが数秒から数十分で消滅するのが30%、数十分から3日という時間で60%。つまり、3日間停電すると、サーバーの中で動いているデータの90%が失われるわけです。電子決済の急速な普及を考えると、影響は看過できない状況です。

震災直後の混乱だけが問題ではありません。大地震が起こって、膨大な物的・人的被害が出るために、中枢機能のマヒが長期間続くことによる影響は深刻です。国全体の危機管理能力も圧倒的に低下し、意思決定とその伝達が不可能になります。9・11テロの時、マンハッタンに本社がある企業は、ニュージャージーなどの近隣州に用意のあった代替施設を使って対応しました。日本ではいまだに、アメリカのような余裕のある戦略的対応を実現できていません。

防災に携わる者の困難の一つは、みなさんの中にいまだ、関東大震災から連綿と続いている「地震だ、火を消せ」というイメージが根強く残っていることです。確かに、正しい認識です。しかし、東京ガスでは全戸にマイコンメーターがつけてあって、地震の揺れがあるレベルより大きくなると、自動的にガスの供給がストップされる仕組みになっています。ガスで発火が多発する可能性はかなり低いでしょう。

火事の原因となるのは、電気器具に起因するものや通電火災が多いはずです。しかし、相変わらず地震防災の中心は台所の火災で、まるで変化がありません。「スーパー都市災害」時代においては、重視するポイントが大分ずれているのではないでしょうか。

2、守るべきものは命だけではない

国家が生き延びるにはどうするのか。

企業の倒産につながるような打撃をどう防ぐのか。

「スーパー都市災害」時代には、これまでほとんど公的には議論されなかった課題がクローズアップされてきました。防災という観点からすると、人と機能が集中した丸の内や霞ヶ関を守ることが、社会的に、大きな負荷となって対策を迫られている事態だということです。

「首都直下地震対策大綱」では、首都中枢機関について、ビジネス・コンティニュイティ・プラン（ＢＣＰ）と呼ばれる、業務継続性を確保してゆく計画を提唱しています。確かに、中央官庁や本社オフィス内に、自家発電機などの緊急時の動力源を持ち、コンピュータやサーバーさえ保全できれば、あるレベルまでの機能を維持することは可能でしょう。財閥系の企業などでは、社内に相当量の水や食料を備蓄して、社員だけではなく、一般の人にも配ろうという構想を持っています。

国会、中央省庁、都庁は、電力や機器の冷却水の供給について、優先的な配慮を受けることが確認されています。たとえ停電したとしても、１日以内に供給を再開すること、首都中枢機能からのインターネット発信の確保など、国の中枢機能を優先順位の一番に扱うことは、当然ながら緊急時には重要です。別の土地にバックアップ機能を設けるという発想を、ほとんど採用しない以上、混乱を防ぐために、何重ものライフライン供給システムが必要になってきます。

こうした流れの中で、企業トップも、中央省庁と同じように、本社機能の保全を考えるのは自然かもしれません。しかし、緊急時の企業活動は許されるものでしょうか？　大災害が起こった場合、ベストの手段は、人もモノも動かさないことです。

企業活動には、人、情報、電気、ガスなどの資源が必要であり、自家発電や備蓄によって対応するとしても、電話などはどうしても必要となります。しかし部分的にでも復旧しようとすれば、1社だけの問題ではないですから、被災地にたいへんな負荷がかかります。人命救助が大切な災害初期に、企業活動が救助活動を邪魔するケースもあるでしょう。

阪神・淡路大震災の時は、兵庫県から大阪府へ通勤するために自動車で被災地に入る人がたくさんいて、交通渋滞がよりひどくなりました。救命活動が最優先される時期に、通勤、あるいは通学のために被災地に入ると、自分自身も含めて危険が増すだけです。地域防災と企業防災は、時として相反することがあるのです。

各企業が今出している、首都直下地震を想定した業務継続計画を見ていると、国と同じく、被災地にとどまったまま活動を続けるという発想がほとんどです。これでは、絵に描いた餅になるでしょう。緊急事態を想定する場合、日常業務の延長上で考えたことはすべてムダになります。

わたしは、首都直下地震の直後3日間は出社・通学は禁止する、というルールを提案したいと思っています。企業が業務継続計画を立てる場合も、被災地の外ですべてフォローできる形にしておくことが賢明です。中央省庁とは違い、全国的なネットワークと設備を持っている企業ならば、対応は可能でしょう。わたしは、被災地の外で対応するという方向性を、企業の防災担当者にはぜひ、検討して頂きたいと考えています。

3、被災地に起こる情報過疎

防災の専門家に問われる能力は想像力です。危険を指摘しない限り、備えることもできません。未知の事態である「スーパー都市災害」において、どのような問題が一番大きな障害になるのでしょうか。阪神・淡路大震災を経て浮き彫りにされてきたのは、情報の共有という課題です。

記憶に新しい事故ですが、JR福知山線の脱線事故で、典型的な被災地の情報過疎が起こりました。鉄道事故で現場に空きスペースがなく、線路の両側に救護本部を作ったのですけれども、たった50mしか離れていない両本部がお互いに連絡を取り合うことができなかったのです。救護本部は尼崎、宝塚各市など、近隣都市から集まっている寄り合い所帯だったので、別の市に属している消防隊員の携帯番号が分からず、組織的な連絡が不可能でした。大阪府の救命センターの救急隊が偶然トランシーバーを5台持っていて、救世主として活躍したという話ですが、携帯電話が使用可能だったにもかかわらず、このような情報過疎が起こったわけです。

阪神・淡路大震災では、警察や消防隊は地元の救援活動に集中し、余力があっても、別の場所の救援に向かう余裕はありませんでした。情報が集まらずに、どの地域に人手が足りないか、どこに集中投入するべきか、判断不能だったからです。結局、つぎの出動地点を知るために被災地と三宮の神戸市消防局を往復する車が多く出て、より混乱を招きました。

首都直下地震が起こった場合、都内の現地災害対策は現状だと、石原慎太郎都知事にすべての情報と権限が集中して、判断を求める形になります。これでは、いかに石原都知事がタフでもパンクしてしまうでしょう。政府、都庁、区の組織の構造と権限が曖昧で、お互いに信頼できる災害情報の交換が難しい状況です。新潟県中越地震でも、震度7だった川口町には1週間、被災情報がほとんど入ってきませんでした。

地震直後のひどい情報過疎状態は、覚悟しておかなくてはいけません。地震の直後は、被災地で使えるのはトランシーバーくらいです。大災害の時、自衛隊の出動が遅れる理由は、大部隊で動くために、無線機の調整がたいへんだからです。部隊ごとの出動ではいつも通りでよくても、大隊として統合される場合には、周波数を割り当てるだけで1日かかります。

アメリカは、9・11同時多発テロの時すでに、連邦政府、州政府、市町村がすべて同じシステムで動く指揮体系を発動していました。災害に限らず、すべての危機管理を、指揮―調整―事案処理―情報作戦―資源管理・財務管理の5つの機能の集合体としてとらえる考え方が確立しています。

日本でこのシステムを取り入れているのは自衛隊だけで、後はそれぞれバラバラな組織です。たとえば、消防隊には、同じ役割に交代要員は一人も用意されていません。火事が起きたら、倒れるまで消火活動をするという体制です。首都直下地震が起こった場合の膨大な仕事量を考えると、気の遠くなる話です。

4、首都を守るために

もちろん、行政側も手をこまねいているわけではありません。

まず、地震発生直後にはＤＩＳ（地震防災情報システム）などを活用して被害像を把握し、緊急災害対策本部を設けます。候補地として首相官邸、中央合同庁舎5号館、防衛庁、立川広域防災基地の４カ所が用意され、必要な情報が即座に集約される体制です。ヘリコプター画像、空中写真画像、人工衛星画像などを駆使し、もっとも必要な被災直後のリアルタイムの地震像を収集する手はずです。

臨海副都心地区の有明の丘、川崎の人工島・東扇島、西部近郊では多摩川流域の立川など、被災地の外周部に広域防災拠点を作る作業も進んでいます。安全な場所に、基幹となる拠点があれば、各地に緊急物資を配送するネットワークの拠点として使用できるでしょう。重要な橋の補強、道路の被災状況や渋滞情報を把握するＩＴＶ（道路監視カメラ）や道路情報モニターの設置なども進められています。

耐震強化岸壁を備えた港があれば、既存港湾施設と合わせて、東京湾と多摩川、荒川、隅田川を水運ネットワークとして使った支援活動が展開できます。被災地の近くで利用可能な鉄道輸送網を構築することや、空港の耐震化、ヘリポートの確保なども重点課題です。しかし、どのようにして緊急物資、救援物資を広域に配送するか、そのオペレーションのシステムは、今後の問題として残されています。正確な被害想定が急がれる所以です。

また、首相直属の災害対策本部は、官邸、あるいは立川のどちらかに設置される想定になっており、両方とも使用不可能となることはまずありえません。首相官邸、近所の中央合同庁舎2号館など、新しく建てたビルはかなり厳重な耐震補強が施されており、震度7レベルでも大丈夫な構造になっています。国からの情報が出ないという事態は、まず起こらないでしょう。官庁の緊急事態の担当者は、30分以内に災害対策本部に到着できるように、自転車まで支給されています。

放送局も、東京には阪神・淡路大震災で活躍した地域放送局はありませんが、渋谷、六本木、赤坂、お台場など、TV局はばらばらに位置しており、かなり有利です。全TV局が震源地に近くて、停電になるという可能性は考えられないので、官邸からの災害情報が流れないという事態はありえません。東京の停電は全域ではなく、まだら状態で起こりますから、住民は短い距離の移動で、どこかでTVを見られるでしょう。被災地全体の状況が分からないという最悪の事態の心配はありません。インターネット、携帯のワンセグなども、使用不能にはならないよう、投資を進めています。

問題点も挙げておきましょう。まず、瓦礫をどう処理するか、今のところ解決の方向が見えていません。さきほども挙げた通り、1億t近くの瓦礫を撤去しないと復旧は不可能なのです

広域防災拠点間ネットワークのイメージ

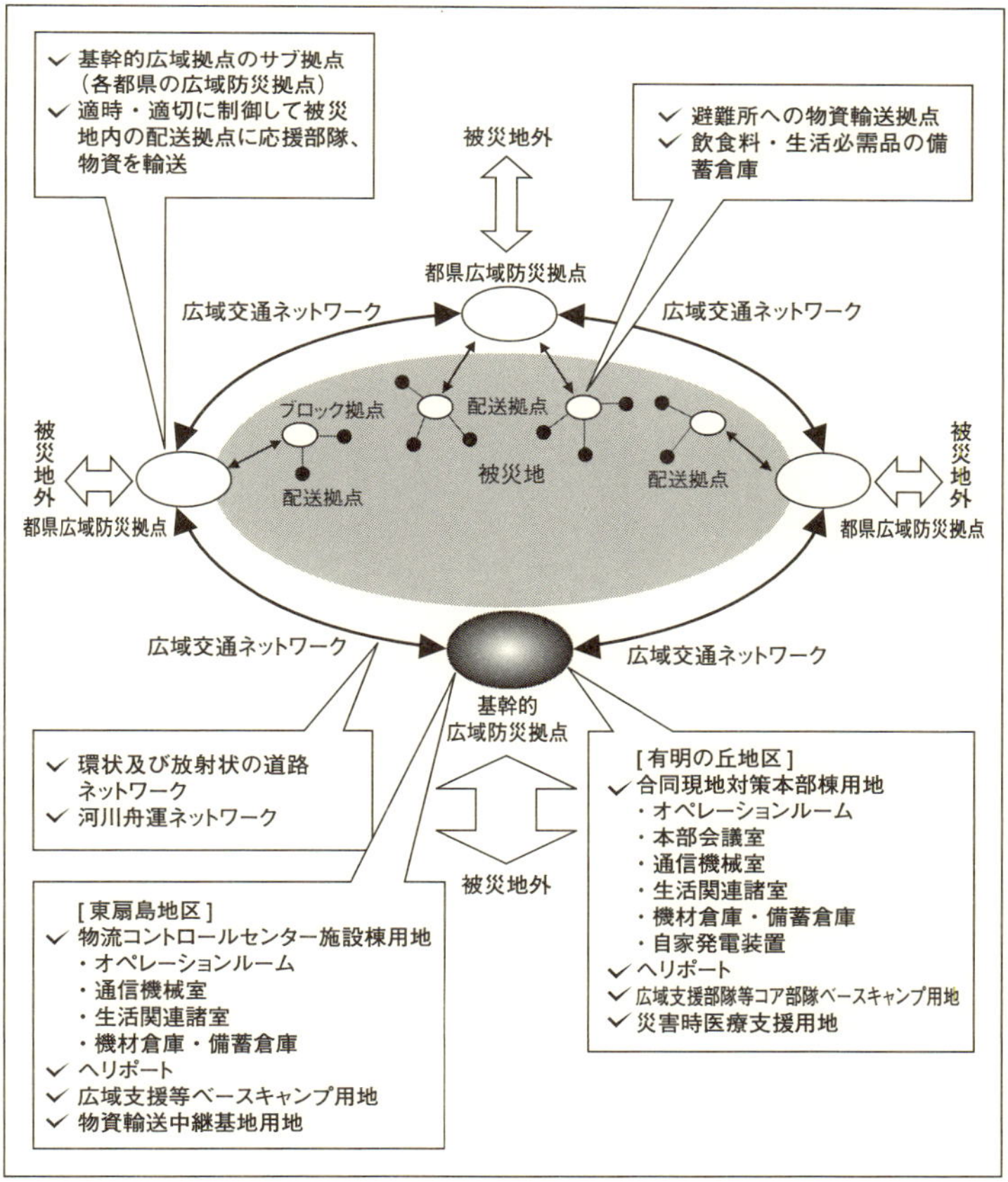

が、東京湾沿岸の都県、指定都市の中での利害が対立して、引き受け手が出てきません。瓦礫を前にしないと目に見えてこないゴミ問題は往々にして無視されがちです。故障して、路上に放置されたままになる自動車の問題も忘れられません。昔の東京は木と紙の町でしたが、唯一の利点は燃えたらゴミがあまり出ないため、再建が容易なことでした。現在は、瓦礫の集積用の空地のリストアップを進めるしかない状況です。

高齢化社会という問題もあります。新潟県中越地震で亡くなった方は59名ですが、うち65歳以上の高齢者が37名でした。２００４年に起こった風水害で亡くなった方２００名（ただし、外国人や身元不明の人を入れると２３２名になります）のうち１２０名、２００６年の豪雪で亡くなった方１５１名のうち98名が高齢者です。少子化、人口減少社会の中で、高齢者を中心とした要介護者が災害の犠牲になることが増えました。災害時の要介護者などの問題は本人次第だと考えられてきましたが、周囲の努力で対応する必要があることは明らかです。

5、横行する違法開発

これまでの項では、「首都直下地震対策大綱」の流れに沿って、首都をどのような防災戦略で守ろうとしているのか、検討してきました。しかし、どこまで構想が実現されるのか、今後も見守ってゆく必要があります。通常の場合、行政はどこまで防災を重視しているのか。どれほどいい構想を立てたとしても、すべてが机上の空論では、有事には意味を持ちません。防災担当者には耳が痛い話ばかりになるかもしれませんが、改善を願ってのことです。どうかお許し下さい。

「スーパー都市災害」を招く要因は、都市化です。過密の問題は前に論じましたが、洪水の問題についても、元は田畑や森だった土地が宅地化されれば保水力が下がり、川に流れ込む水が多くなって、危険は増します。

アスファルト上に降った雨は、下水や調整池が備えられているとはいえ、限界を超えれば川に集中するだけです。都市を流れる河川は護岸の建設やかさ上げが進んでおり、ほとんど安全に見えますが、潜在的には、氾濫の危険度がどんどん上がっています。

地域の防災力を高める鍵となるものは、空き地です。地震や火事や洪水が起こった場合、逃げ場所や火を消し止めるスペースが、どうしても必要となります。しかし、都市の過密地域では、空き地はどんどん減る一方です。

背景には、こんな事情があります。国土庁の管轄だった頃から、1千平米以上の宅地開発をする場合、行政当局と協議の上で、防災対策を施さなければならない、という規則があり、具体的には、一定の割合で、防災調整池と呼ばれる空間を確保することなどが義務付けられています。しかし、悪智恵が働く宅建業者がいて、毎年、990平米ずつ開発申請を出すというのです。そうすれば、防災対策でお金をかける必要はありません。20年間、この手を続けた宅建業者がいて、2万平米もの広大な、まったく防災対策がなされていない一画ができたという話があるそうです。

あるいは、「防災調整池」を規則通りきちんと作ったとしても、その運命は危ういものです。せっかく確保した防災調整池の所有者が、誰かに土地を売ってしまい、新しい買い主が埋め立てなどによって潰して宅地にしたとしても、法的な罰則はありません。防災調整池にいつの間にか家が建っていることなど、さほど珍しいことではありません。

土地の開発が済めば、所有権は開発業者から別の人間に移ります。行政が管理することができるのは開発業者までで、実際の所有権者がどう扱っても規制はないのですから、違法開発は事実上野放しです。ですから、妙にゴミゴミしている土地は、疑ってかかった方がいいでしょう。所有権が複雑に移転を繰り返している密集地の場合は、住宅を購入される前に、近くに学校や公園などの防災拠点があるかどうかをきちんと確認する必要があります。

なぜ、こんな違法開発が許されるのでしょうか？　これには、行政の区割りの問題があります。市町村にとって、人口増は住民税の収入が上がるため基本的に歓迎で、田畑よりは宅地になることを望みます。ところが、宅地開発によって起こる治水などの防災上の課題について、市町村は関係がありません。二級河川までの護岸建設や改修は都道府県、一級河川の管理は国の管轄ですから、国や県が費用を出します。ですから、都市化によって発生する防災対策の費用を負担するのは、市町村とは関係のないレベルとなるため、さしあたって無視するという傾向が強いのです。

危ない開発や違法建築について、市町村の担当者はちゃんと気づいています。しかし、税収増を目指すという本音の下、見て見ぬ振りをしています。法律がザルとはよく言われることですが、人は法を守るものであるという性善説に立って決められている規則ですから、ザルになって当然です。防災という、現場での優先度がどうしても低くなる問題についての配慮を、社会全体に求めることは不可能かもしれませんが、違法開発された土地の面積が広くなればなるほど、後から解決することは難しくなります。「スーパー都市災害」は、このような小さなルール破りによって、少しずつ恐ろしさを増していくものです。

6、1千250億円の防波堤

一方で、お金のかけ方に問題のあるケースもあります。

今、岩手県釜石市で津波防波堤が建設されていて、竣工予定金額は1千250億円と巨額です。わたしがこの問題をつつくと、国の防災関係者には嫌な顔をされるのですが、釜石市の人口は、1960年に約8万7千人だったのが、現在は約4万5千人。1千250億円を4万5千人で割ると、一人あたり270万円強の投資となります。

この防波堤は、旧運輸省港湾局の管轄であり、港の機能を高度にすることなど、さまざまな目的が含まれていますが、最大の眼目は、津波の度に住民の半分が亡くなるという歴史を解消するための事業だということでした。しかし、新日本製鐵釜石が事業を縮小した後は過疎が進み、商店街は昼間でも半分以上シャッターが下りたままです。

津波防波堤は、深い海中に作らなければ意味がありません。釜石の防波堤は水面から5m程度出ているくらいで、外からでは巨大さは分かりません。しかし、海の中では、防波堤を深さ63mのところから立ち上げて、湾口の海底にダムを造り、津波が入ってこないように堰止める仕掛けになっているのですから、とてつもなく壮大な事業です。お金もかかるわけです。

国による施設の整備を伴う防災事業は、一度スタートしたら止められません。釜石湾口防波堤事業が動きはじめたのは1978年ですから、もう25年以上前。計画段階では、釜石市が今のように寂れるとは、想像できなかったのでしょう。

今、1千250億円あれば、何ができるでしょうか。衛星を介した津波計と地震計のブイを海中に設置するのに1基10億円もかかりませんから、全国に100基以上設置可能です。釜石の町だけを救う防波堤とは価値が違います。国土交通省では、「二度とああいう防波堤は作らない」と言っていますが……。

7、高潮が起きる場所に家を建てれば

1999年9月24日、台風18号が熊本県の不知火町松合地区を襲い、八代海では高潮が起り、11人の町民が命を落としました。わが国で高潮で10人以上の被害が出たのは1959年の伊勢湾台風以来です。調査してみると、塩田の跡地に町営住宅が建てられていて、海との間はバイ

パスをかねた新しい国道で遮られていました。

海沿いの区画なので、国道は十分な高さを持つよう設計されていました。しかし、不知火町は漁業の町です。町営住宅から漁港へ堀が通してあり、その両脇に漁船が繋留されていました。バイパスは高い壁になっていて、町営住宅から海はまったく見えません。住民が、高潮は来ないと思い込んでも無理のない構造ですが、船着場の護岸から水が溢れて４ｍの深さになり、平屋建ての町営住宅に住んでいた11人が溺れ死にました。２階に逃げることができた人は助かっています。

町営住宅の天井のボードは、ビスで止められていて、丈夫に作られていました。伊勢湾台風の場合、１階から天井の杉板を叩いて割って、屋根裏に上がって助かった人がいます。不知火町の被害者の出た家では、天井に爪で引っかいた跡がついていました。少々叩いたくらいでは屋根裏に上がれない構造が人命を奪ったわけです。

不知火町の場合、町営住宅につながる堀の水位が簡単に上がるようになっていました。高潮に備えていない防波堤だったのです。『不知火町史』という立派な本に江戸時代に起こった高潮災害についての記述があるにもかかわらず、当時の町長は高潮災害の歴史をまったく知りませんでした。

また、同年の台風18号で、宇部市の山口大学附属病院が高潮に浸かりました。１日に２千人の外来患者が訪れる基幹病院で、地階は救急車の搬入場所になっています。患者を乗せた救急車が水没しそうになり、事態に気づいて2階に上がったから助かったものの、とても危険な状態でした。水は町中の真締川から出ており、まさか高潮で氾濫するとは、という場所でした。

わたしは、日本の防災政策について、単純に批判しているわけではありません。これまで支配してきた既得権という発想からすると、繰り返し起こる災害が二度と起きないように釜石の海中巨大防波堤を作ることと、今後起こるかもしれない災害を意図的に忘れる違法開発は表裏一体でしょう。

防災は、既得権では対応できない領域です。たとえば、よく無駄と言われますが、孤立する集落が点在する中山間部において、高速道路の建設は生命線ですから、過疎という状況は同じでも、防災上の価値はとても高い事業です。

三陸海岸や紀伊半島など、津波が数十年から100年ごとに繰り返し来ることが明白な地域があります。津波は、10分後に10mの津波が来るから逃げなさい、と警告されても逃げられませんが、さほど予算を必要とせずに、被害を軽減する施設を設計することは容易です。一度被害を受けたら、町を復旧する際、地面に土盛りして、数十cmでも嵩上げすれば、家が流失するような浸水が起こる危険がずいぶん減ります。こうした配慮にあまりお金はかかりません。「スーパー都市災害」は、開発を急ぐあまり、防災という視点を忘れ、無秩序な町並みが結果的に出来上がってしまったことが理由で起こる事態です。都市は、あるレベルまで成熟してしまうと、後から手を入れるのがとても難しく、費用もかかります。

東京の場合も防災上は問題だらけです。どこから手を付けたらいいのか分からないような地域があることをきちんと認識し、長期的な対策を地道に続けない限り、災害に強いまちを作ることはできないでしょう。

8、セーヌ河のハザードマップ

諸外国でどのような防災意識が育てられているか、実例を挙げてみます。

セーヌ河は、日本の河川のように堤防の間を流れるのではなく、パリ市内に限っては掘削された深い堀になっています。豪雨でも地上に溢れることは少ないのですが、増水すると地下は地下鉄トンネルのコンクリートを巻いていない粘土の箇所から水が染み出してくるような状態になります。水が地上でなく地下の土に浸水してゆく仕組みになっているわけです。

水位が上がるとどうなるのでしょうか。地盤の支持力が下がって軟弱になり、石造りの重い建物が斜めに傾くのです。エルベ川流域のプラハやドレスデンも、同じ悩みを抱えている都市です。ですから、パリの水害は、単に水が溢れ出すのではなく、街並み全体への被害が長期的に続く可能性があるのです。

対策として洪水ハザードマップが配布されていますが、パリの場合は法的な拘束力を持っています。日本のように、水害の危険情報を知らせるものではなく、水位が上がって建物が被害を受けた場合、この地域は元通りの建物にしてはいけない、ということを示す地図なのです。

どこの地盤が水に強いか弱いか、見極めて都市計画を進めようという構想です。

パリっ子はみな、ハザードマップに重大な関心を持っています。自分の家の不動産価値を動かす地図だからです。日本の場合、洪水や高潮の被害を受けた後にまた似たような建物を作り、やがて災害を忘れるということを繰り返しています。災害が起こる前にあらかじめ防災対策を基本に据えたまちの設計を準備しておき、被害が出たらもう二度と同じ災害を繰り返さないようにする、というコンセンサスが成立したことは一度もありません。

9、防災先進国・台湾

１９９９年9月21日、台湾に集集地震（M７・７）が起こり、阪神・淡路大震災でお世話になった日本は、それっ、恩返しとばかり現場に急ぎました。ところが、台湾は仏教会の組織がしっかりしていて、ボランティアの厚みが違います。夜中に起こった地震なのに、たった3時間で１００万人単位の動員を実現しました。日本から到着した一行は、台湾のボランティアの活動ぶりを学習することが仕事の半分となりました。

阪神・淡路大震災の教訓は、随所に生かされています。たとえば、仮設住宅の設営法などが改良されていました。地区ごとに急造の仮設住宅が建てられているのですが、区画ごとの入口近くに、警官の駐在所や軍隊の駐屯所が必ず置いてあるのです。この配慮によって、治安が保たれていました。各仮設住宅地区の中に、コンビニエンス・ストアが招かれ、特別にすぐ開業していました。日本では、仮設住宅の道路には玉砂利が敷いてあるだけですが、台湾では芝生が植わっていて、保育所や集会所まであります。被災者心理をよく考えた、すばらしい運営でした。

しかし、いいことばかりではありません。阪神・淡路大震災では、被災者が仮設住宅に入り、後に撤去されて公営の復興住宅に入るという流れは保たれました。しかし、台湾の場合は、被災者でない人が仮設住宅に入り込んでしまったのです。台湾ではいまだに、仮設住宅が撤去されないままだそうです。

ちなみに、伊勢湾台風の後、仮設住宅を最終的に撤去するまでに38年間、第2室戸台風の後は39年かかっているそうです。一旦、公設の仮設住宅に入ったらなかなか出てゆかない、という典型的な例でしょう。家賃はタダだし、高齢化社会が進んで、もし年金生活者であれば、出てゆくよりはそのまま住んでいた方が楽なのです。

わたしたちは、震源地のそばの東勢市の市長からどんな被害があったのか話を伺いました。台湾という国は、いつも中国と緊張関係にあるので、ある規模を越える企業や役所は、それぞれ自家発電機を持っており、緊急時に備えています。しかし、大地震が起こり、市長はまったく権限をもっていないにもかかわらず、市内全域のガソリンスタンドに発電機の燃料であるディーゼルオイルを売ってはいけない、という通達をすぐに出しました。

もし、各企業に勝手放題を許していたら、オイルを買い求めようとする動きなどで大混乱が起こり、被災者にとって、肝心なところで燃料がないという事態が起こっていたはずです。市長の判断は、未然に混乱を防ぎました。日本で地方自治体の長がそういう判断を下したら、権限がないということで企業から抗議されたりして、まずうまくいかないでしょう。

また、台湾で活躍したのは、なんと日本が戦時中に導入したまま残っていた「隣組」制度でした。これが復旧・復興に大きな役割を果たしました。台湾は、組長を選挙で選ぶので、きちんと実力のある責任者が地区にいて、一致団結して災害に対応できたそうです。

やはり、ご近所ネットワークがきちんと機能することが、緊急時には必要です。地域のボスが自治会長に居座り続け、形骸化しがちな日本とはお国柄が違います。大量に定年を迎える団塊世代の奮起を期待したいところです。

10、ライフライン確保の難しさ

台湾は、南で発電して、北へ送電するというシステムをとっています。送電線を2系統にすることで、災害に対する安全を確保しようという算段でした。ところが、集集地震では3カ所で大規模な地すべりが起こり、二つの送電線が300mしか離れていなかったので、どちらもやられてしまいました。

なにしろ、1億立方米以上の土が動いたので、山が1個崩れたことになります。備えはしていたものの、地球全体で考えると300mというのはお隣と一緒です。やはり、何km も離して、まったく別系統で送電する必要があります。

現地を見学すると、山が１個崩れるというのはたいへんなことで、川が堰き止められていくつもの天然ダムが出来ていました。ところが、台湾では陸軍がすぐさま出動して土砂を取り除き、ヒューム管を埋設したので水はあまり溜まらなかったのです。

新潟県中越地震の時、芋川で同じように天然ダムができたのですが、日本の自衛隊は手も足も出ませんでした。ヘリコプターでブルドーザーを運ぶ訓練をしたことがなかったからです。ダブルローターのヘリで最大12ｔの機材を運ぶことができるのですが、訓練経験がなければ５ｔのものも運べません。結局、自衛隊は１ｔや２ｔの土嚢や分解したブルドーザーのパーツを運ぶだけで、後は警官と同じ役割を果たすだけに終わりました。

首都直下地震が起こり、高速道路が倒壊するなど、道路がずたずたになったら、現状だと自衛隊は重機類を運べず、身動きが取れない状況になります。ヘリコプターの普段の運用基準が民間より自衛隊の方が厳しくて、夜間訓練すらままならないそうですから、仕方ありません。わたしが専門調査会などで聞いていると、環状８号線や甲州街道など、４車線の緊急輸送道路に自動車が走れる、という前提でしか物を考えておらず、空路での対応という発想は今のところないようです。救助活動の現場では、軍事力の活用もおろそかにできない要素です。日本は、台湾と比較してずいぶん意識が遅れている理由が、心理的な軍事アレルギーのせいでなければいいと感じています。

11、ドイツ人の防災意識

ハンブルク港はエルベ川河口から１００kmほど上流で、ヨーロッパで1、2を争う古い港です。この港では、イギリスの方から低気圧が東に進んでくると、しばしば高潮が起こります。EUになってから、フランスやベルギーの沿岸地域の気象情報が逐次ダイレクトに入るようになって予報の精度が上がり、災害対策はとてもやりやすくなったそうです。

わたしは、ドイツの防災対策を調査するため、ハンブルクの港湾局を訪問しました。すると、ハンブルクの港に長さ50mくらいの真新しい水門があり、その10m下流にまた同じタイプの水門がありました。ちょっと見にはムダに思えたのですが、説明を聞くと、高潮で大型船が漂流して衝突し海側の水門がやられても、陸側の方で守るという事態を想定しており、一つでも十分高潮を防ぐことができる水門を陸側と海側に二つ作ったということでした。

港湾局の局長は、「防災は哲学であって、コストの問題ではない」と胸を張って答えてくれました。絶対切れたら困るところには、何重にも手間をかけて切れないようにする。いかにもドイツ的です。

似たケースでわが国ではだいたい、捨て杭を打ちます。堤防や橋桁の周りに、あるレベルの強度と高さのある杭を打っておけば、高潮で漂流した船がダイレクトに当たらず、追突のショックが緩和されるという考え方ですが、ハンブルクの水門に比較すると、あいまいな対策です。

日本では、公共事業費が10％、20％と削減されてゆくと、広く薄くコストを削減します。しかし、ドイツの場合は、大事なところだけに徹底的にお金をかけて、後は目をつぶるというスタイルです。学ぶべき姿勢だと思います。

12、事故は起こった後が大切

阪神・淡路大震災の３年後の６月、ＩＣＥという時速２００㎞で走るドイツの高速列車が大事故を起こしました。直接の原因は、シーメンス社が作ったダブル構造の弾性車輪のうち、外側のフランジが繰り返しかかる荷重に対しては強度が足りずに割れたことです。乗り心地をよくするために、フランジの鉄輪と鉄輪の間に合成樹脂の輪を咬ませていたのですが、その合成樹脂が剝きだしのまま、車のタイヤのようになって線路のポイントに突入し、脱線転覆したのです。

鉄道には乗客名簿がないので、だいたい３００人くらい乗っていたことしかわかりません。１０１名が即死し、捜索に加わっていた１千４００人の連邦軍と救急隊のうち、３分の１がＰＴＳＤになったといいます。遺体はみなバラバラで、近所の高校で修復作業をしたのですが、みなそのようにひどい経験がなく、精神に重い負担がかかるとても悲惨な現場でした。

しかし、災害対応は見事なものでした。昼の11時に事故が起こってから２時までの３時間を緊急事態ということで、連邦軍のヘリが上空をホヴァリングして、民間のヘリなどが近づけないように制御し、それだけの時間内に現場の処理を終えました。すぐマスコミが入りこんで、余計な混乱を増やしてしまう日本とは大違いで、大事故だったわりにはスムーズに処理が済みました。

ドイツの鉄道公社は民営化されており、事故が起こる前は、ツェレにある郡役場が総合防災訓練をやりましょうと声をかけても、ぜんぜん反応がなかったそうです。ところが、事故が起こってからは、毎月協議や訓練をしています。防災意識が、とても高くなりました。事故は不幸なことですが、その経験を生かしてゆくことは重要です。

ＩＣＥの事故は、旧西独圏のハノーバーの近くで起こり、わたしはその夏国際会議出席のためベルリンにいて、現地に行きました。判明したことは、時速２００㎞で走っている電車が脱線転覆すると、乗客の３分の１が即死するということです。ＪＲ福知山線の事故では、時速１１５㎞前後で脱線して１０７名が亡くなり、５５５名が負傷しています。正確な乗客数は分からないですが、列車事故において時速１００㎞ごとの即死者の割合は、だいたい見当がつきました。もし、朝夕のラッシュ時という最悪の時間帯に阪神・淡路大震災クラスの地震が起こり、列車事故が起こったらどのくらいの死者が出るか。この二つの列車事故で判明したわけです。

一方で、ＪＲの対応には困りました。国鉄の時代からパリに事務所があって現地に行って調査するのは簡単ですが、新幹線はダブル構造の車輪を使っておらず、同じ事故が起こる可能性はない、という理由で無視です。原因の違いではなく、事故対応の問題が重要なはずですが……。この無神経さは、福知山線の脱線事故の際、社内の飲み会を優先する社員がいたことと似ています。

日本人には、安全と水はタダという意識が強く残っています。ヨーロッパの場合、戦争と疫病にちなむ地名が多く、ＦＯＲＴ（砦）と付くのはすべて古戦場を意味します。また、災害はすべて人災という意識です。自然現象による天災と考えがちな日本の危機感覚とは大分違います。大阪教育大付属池田小学校の児童殺傷事件で刺されて怪我をしたまま長時間放置された子供などが出たのは、現場で指揮をとる人がいなかったせいですが、平和国家特有の現象かもしれません。

13、水の都ヴェニスは地盤沈下中

これまでに挙げた外国の実例は防災意識の高さを示すものばかりでしたが、災害に手をこまねいている有名都市も一つ紹介しておきましょう。

ヴェニスはアドリア海の北端に位置する都市で、毎年、９月から翌年の３月まで、アフリカの方からシロッコとよばれる南風が吹きます。強い風ではないですが、地中海を完全に横断してくるだけのパワーはあり、よく高潮を起こします。すると、ここ10年近く、満潮の時、世界でもっとも美しい広場として知られているサンマルコ広場が水没するのです。

松の杭の上に石を乗せて作った人工島であるヴェニスは、対岸のメストレという工業地帯が地下水を汲み上げはじめてから、全体の地盤沈下が止まりません。あれよあれよという間に1m以上沈んでしまいました。

いま、街中をバスに替わって遊覧船が走っていますけれども、以前の半分の速度で運航しています。全速で動いているのは、警察のパトロール・ボートだけ。船があまり速度を出すと波が立って、建物の1階の窓から水が入ってしまうのです。

町を高潮から守るために、入江にあるラグーンと呼ばれる浅瀬の上に、海底設置型の水門を置くという計画が十数年前からあるのですが、まだ着工の見通しが立たないのです。門の土台の上にポンプで空気を入れる鉄の箱を設置し、海底からその箱が少しでも浮かび上がれば、外海から入ってくる水の量を減らすことができるという珍しい設計のものですけれど、湾内の水質が悪化する懸念と費用の問題がネックになって、なかなか計画は前進しません。

日本の旅行会社は、ヴェニスが半水没状態であることを一言も明かさずに、現地に着いたら長靴を配ります。黒い長靴だとあまりに興醒めですので、料理する人が使っている白い長靴ですが、年々浸水が深くなり、現在は腰より上まで水が来ているとのことです。

実は、ヴェニスの水洗便所は何も処理しないまま海に流す仕組みになっていて、水面には時どき排泄物がそのまま浮いています。住民は、「1千200年問題がなかったのだから、大丈夫だよ」と笑っていますが……。貿易特権をもつ海軍国家として中世には強大な財力によって繁栄を続けた島も地盤沈下の前には無力であり、今のところ、好転する見込みもありません。

観光客のみなさんは、足元の水に注意してヴェニスをご訪問下さい。

14、企業減災の現場

防災意識について、さまざまな実例を検討してみて分かることは、何を守るかという事前のコンセンサスが社会の運命を決するということです。人命を守る、という部分については、誰しも共感します。しかし、高度なインフラを持つ成熟都市では、社会資本は人命と同じくらい重要です。首都直下地震においては、中央官庁・本社という中枢機能の維持が、最も重要な課題として浮上しました。

自然災害は、国の財政にも大きな影響を与えます。2002年西ヨーロッパを襲った大水害でEU諸国の被害総額は約1兆円にも上り、財政への打撃が大きかったドイツでは、所得税減税の1年延期と法人税の1年限りの新たな増税を実施することになりました。東京という首都が被災地になると、直接的な被害は限定された区域内に留まるとしても、どのような影響が日本全体に及ぶか、かなり徹底的な想定作業が必要です。

企業という組織の防災も、戦略的に尊重されなくてはいけません。しかし、地域防災計画の中で、企業防災は真正面から取り上げることがなかなか難しい問題のようです。災害対策基本法の第一条に「国土並びに国民の生命、身体及び財産を災害から保護する」とありますが、この「及び」が曲者です。企業の設備は公共財でなく私有財産であり、国の本音は依然として、人命以外は企業努力で自衛しなさい、という辺に留まっています。

しかし、企業の持つ大きな公共性は、防災戦略の上ではもはや最重点課題です。企業は、災害直後には防災拠点となりますし、雇用確保や被災者への経済的安定の提供など、復旧には欠かせない役割を担います。たとえば、新潟県中越地震が原因で、経営がおかしくなる大企業も出ました。

新潟三洋電子は、20年ほど前小千谷市の誘致で進出し、従業員を1千500人抱える大生産拠点にまで育ちましたが、地震で工場が全壊。新潟三洋電子の被害は503億円に上り、親会社の三洋電機は2005年期連結決算で1715億円の赤字を出しました。これがきっかけで業務再編を余儀なくされ、2006年3月には2056億円の赤字を計上しました。普通なら倒産してしまう数字です。進出にあたり、三洋電機は地震保険に入るかどうか検討しました。しかし、掛け金があまりに高額になるため見送っています。しかし、今では、保険に入っておけば、と歯噛みしていると思います。新潟全体の経済復興も、新潟三洋電子の雇用が元通りになるかどうかに大きく左右されます。

同じ三洋電機内で、2004年10月20日に台風23号が上陸した際、ドル箱商品のニカド電池などの小型二次電池を生産している洲本の工場が、駐車場まで水に浸かるという事態も起きています。被害が起きなかったのは運が良かっただけですから、全国に工場がある企業としては少し杜撰な災害対策でしょう。

企業防災は、国内だけに限られた問題ではありません。1991年4月末、バングラデシュをサイクロンが襲い、14万人もの死者が出ました。被害の中心地は、チッタゴンという人口100万のバングラデシュ第2の都市です。その地域は自由貿易地帯に指定されていて、外国企業進出に熱心であり、女子工員の賃金が1カ月に2千円ほどととても安価で、日本のグンゼやオリンピックのほか韓国企業の工場がいくつも建設されました。

何百人もの妙齢の女性が毎朝、上等のサリーで着飾って出勤し、一日中ミシンを踏んでいる光景は壮観です。貧しい都市で、縫製工場で働くことは現金収入が得られるいい仕事で、毎日サリーを着て通うような晴れの場所です。その工場が全部、サイクロンで3m50cmの水に浸かり、変電施設が壊れてしまって、3カ月間操業停止になってしまったのです。

これでは、いくら賃金が安くても企業側は大損です。バングラデシュは、高潮の常襲地帯だということは周知の事実ですから、単に変電施設を2階に上げておくだけで、被害を受けなかったはずです。誘致したバングラデシュ政府は、工場に来てもらいたい一心で、災害のリスクをあまり言わなかったのでしょう。グンゼは、中国、韓国へと進出し、さらに最も賃金水準が低いバングラデシュに行って結果的に損をしているのですから、価格競争の厳しさの中でのリスク・マネージメントに甘さがあったと言えるでしょう。

もちろん、高い防災意識を示す会社もあります。1950年にジェーン台風による高潮で、西淀川区の日立造船では造船所が浸水し、操業できなくなりました。従業員総出でモーターをぜんぶ分解し、真水で洗浄してようやく元に戻したという話です。その教訓から、日立造船の工場の動力施設はすべて浸水しても大丈夫なように、床上2m以上の場所に設置するルールになっています。企業防災のお手本のような対応です。

15、自助、共助、公助

今後の災害対策は、自助、共助、公助の三方面からの努力が必要になると言われています。「自助」は自力による領域です。たとえば、自分の家が壊れないよう耐震診断を受け、耐震補強工事を進めたり、耐火性を高めるよう努力すること。家具の固定や携帯ラジオの所持、最低3日分の食料と水を確保するなど、各家庭それぞれが緊急時に備えること。東京都では、地域危険度測定を実施しており、都のHPで、建物倒壊・火災・避難・総合・危険度特性の5つの尺度からの評価が町・丁目ごとに細かく公開されています。各自治体でも同じようなマップがありますから、居住地の危険性に応じた対策をする目安となります。近くの避難所の場所を知っておくことも、必須でしょう。

「共助」は共同体の援助です。兵庫県が実施している「住宅再建共済制度」の例を見ると、年間5千円を積み立てると、災害時には最高600万円までの保険金が受けとれます。地震保険も含めて、共済などによる被災者支援制度の充実が必要です。消防隊や自主防衛組織の構築や、ボランティアの組織化、地域コミュニティの育成が課題となります。

「公助」は、国・都道府県・市町村の防災に対する取り組みです。ここまでに挙げた事例のすべては「国民運動の展開」が必要であることが強調されてきました。

しかし、わたしはあえて、「自助」の重要性を強調したいと思います。阪神・淡路大震災の場合、避難所に逃げた人のピークは1週間目の32万人でした。地震後の40日間の平均では、避難所に入ったのは被災者の14％です。残りの86％は、親戚の家へ身を寄せたり、会社が用意した寮や、借り上げたホテル・アパートに入るなど、ほぼ、自助、共助の形で対処しました。

災害が起こる前、住民は一般に、自助1割、共助2割、公助7割と考えています。しかし、現実にはその逆で7割、2割、1割となります。自力で対応しているケースが多く、誰かが助けてくれるという先入観とのギャップが災害直後の混乱を生んでいます。

わたしは、首都直下地震による「スーパー都市災害」の想定の中で、とりわけ情報の問題を強調してきました。「自助」という場合、まず、固定電話、携帯電話はまったく通じないということをあらかじめ知っておくだけで、生き残る確率が違ってきます。具体的な安否確認の手段は後で論じますが、充電できる状況になるまで、携帯の電池を消耗しないように無駄な電話をかけないという発想を持つだけで行動原則がまったく変わってくるでしょう。

「スーパー都市災害」は、まだ、わたしたちの想像力を超えた危機です。今後は、何が起こるか想像を深めてゆき、巨大災害によって起こりうるすべての事態を想定しようと努力することが、被害を少しでも軽減していく唯一の策です。

第2部　大都市で生き残るための防災術

第1章　「スーパー都市災害」からどう避難するか

1、いざという時の心理

　第1部において、わたしたちは、成熟した大都市に起こる災害の恐ろしさを、さまざまな手法を用いて想定しました。自然災害そのものは変わらなくとも、場所と環境が違うことによって被害様相は大きく変化します。国が「首都直下地震対策大綱」という形で防災戦略を立てることを迫られているのも、一個人の備えでは解決できない領域があまりに広いからです。

　しかし、もっとも大切なのは、人命であることは論を俟ちません。一人一人が正しい避難行動を選択して、ケガをせずに生き残ること。これは被害軽減の基本です。その上で、「スーパー都市災害」という未知の事態に対応するためには、これまでの防災の常識を、捨てる必要さえ出てきました。新しい防災術を身につける必要がある時代が来ています。

　人が大災害に遭遇した時どのような行動をするものなのか。典型的な例を挙げてみましょう。あらゆる想定は、普通の精神状態ではなく、慌てふためいて混乱している人間はどう行動するか、という前提から出発しなくては役に立ちません。

阪神・淡路大震災が起こった午前5時46分、西宮市の中央卸売市場は早朝のセリを終えて、仕事が一段落ついた頃でした。1月ですから外気は冷たく、ドラム缶に薪をくべて暖をとり、大きな鍋をかけて蟹を茹でており、火の近くにいた人たちなどが大ヤケドを負ったのです。

市場の職員たちは、まず、負傷者を病院に連れていきました。まだ病院はさほど混乱していなかったのか、きちんと治療を受けられる確認ができたのです。その後で、一目散に自分の家に走りました。やはり、家族の安否確認が最も切実です。帰路の途中、瓦礫に挟まれた人の救助現場などは、すべて無視したそうです。家族の無事が分かったら、近所の人の救助など、ごく一般的な災害現場での活動に移りました。

近くにケガをしている知人がいれば捨てておけませんが、まずは自分の家族。この順番で動くのが、もっとも普通の行動です。しかし、阪神・淡路大震災は、早朝という時間帯が不幸中の幸いでした。ここで例に挙げた市場の人も、市場─病院─家という、複雑な経路を辿っています。どこかの場所で障害があれば、心理的にはかなり追い込まれたはずです。

新潟県中越地震は午後5時56分。夕方の食事時で帰宅している人も多く、ちょうど火を使う炊事が終わった時間帯だったため、被害はかなり軽減されました。1923年9月1日に起こった関東大震災は正午。最近の二つの大地震は関東大震災と比較すればまだ安全確保が容易な時間に起きました。

これまで繰り返し述べてきましたが、「スーパー都市災害」の場合、心理的に一番の優先事項である家族の安否確認は、帰宅困難と通信障害のため、かなり難航するでしょう。この問題については社会全体の対策が必要です。しかし、目前の障害に慌てるより、まずは冷静に、と広く訴えかける必要性を痛感しています。

2、直後の避難行動

まず、周囲の状況や環境に左右されることのない、大震災時の避難行動のセオリーから確認してゆきます。

地震を感じたら、机やテーブル、近くにいたらトイレなど、周囲の家具や物が倒れ込んでこない場所に潜り込んで下さい。阪神・淡路大震災の場合、死者の90%が即死（直後15分以内）で、家具や倒壊する建物が凶器となりました。家具の下敷きになって逃げられず火事や怪我で亡くなられた方も含めれば、地震による死因のほとんどは、地震直後に物と衝突して負う身体的損傷です。

地震の恐怖は、さまざまに変相されますが、根本は大きな揺れです。直後に致命的な怪我を負わない限り、火事と余震、まれに起こる津波の襲来以外、命を脅かす要素はありません。高潮や洪水は水嵩がどんどん増してゆく危険があり、大津波からほぼ自力で逃げ出すのは不可能ですが、地震は、案外と直接的な危険が少なく、むしろ、被害が広い範囲に拡大することが怖い災害です。ですから、周囲に危険な物がない場所に逃げ込んで、余震までやり過ごせば、命は保証されます。

体感震度と被害の関係を、整理しておきましょう。

震度5弱を越えると、戸外では、古いブロック塀が壊れたり、屋根瓦や看板が滑り落ちてきたり、古いビルのガラスが割れたり、自動販売機が倒れたり、ガス管が破裂したりと、小規模でも恐ろしい事故が起こり始めます。固定していない家具も震度5強でどんどん倒れます。しかし、この段階で大規模な被害が起こることはありません。

震度6弱の地震までなら、「揺れた！」と感じた後でも、自力で逃げ出せます。歩けるレベルの揺れならば震度6弱、ということです。地盤の強さなどの条件により、データのばらつきはあるものの、よほどのことがない限り、まず建物は倒壊しません。せっかく自力で逃げられるのに、重い家具に阻まれて動けなくなったり、頭部や腹部に直撃を受けて怪我をしたり、という事態を避けなくてはいけません。

つまり、逃げ出せるな、と感じる震度だったら、建物の中で周囲に危険物のない場所でじっとしているのが一番安全です。このレベルの地震であれば、どの場所にいても「スーパー都市災害」に発展する可能性はないでしょう。自力で歩ける揺れのレベルの地震について、対策の必要はありません。

震度6強を越えると大変です。古い家、ビルは倒壊、全壊をはじめます。震度7を越えれば、器具で固定してあったとしても箪笥は倒れ、テレビやピアノなどの大きな物体も空を飛んできます。危険な大地震は、このレベルです。立って歩くのは無理ですから、ごく近くに安全な場所をみつけて逃げ込むくらいが精一杯です。余震の危険性も高いですから、ほんとうに落ち着いたと感じるまで、小1時間くらいかかるでしょう。

一般の地震対策を見ると、どんな場合でも自力で動ける、という前提に立っているのではないか、という印象を受けます。震度7を越えれば、揺れは待ったなしで、まず移動の自由はありません。しかし、本格的な対策が必要なのは自力で活動できないレベルの大地震だけなのです。冷静にと言っても難しいですが、立っていられない、という状況でしたら、「スーパー都市災害」が起こっている、という想定を開始して下さい。

入浴中など、家の中の狭い部屋にいる場合は、出口を確保した上で、そのまま動かない方がいいです。海や砂浜にいた場合は、津波の怖れがあるので、すぐ高台へ避難します。住宅街を歩いている場合は、車に気をつけながら、落下物から距離を保つため、道の真ん中に出ます。

第1部で触れましたが、もっとも心配されているのは高層ビルのエレベーターの閉じ込めで、これは全ての階のボタンを押して、止まったらひとまず外へ出るという対応がベストです。最近は、停電中でも自家発電機によって、インターフォンでの通話を確保できるシステムを備えるビルが多くなっていますので、孤立無援で放置されるというケースは減少する傾向にあります。しかし、ゼロということはありえませんので、エレベーターの閉じ込めがある、と意識し

液状化の発生可能性の高い地域

急傾斜地崩壊危険箇所

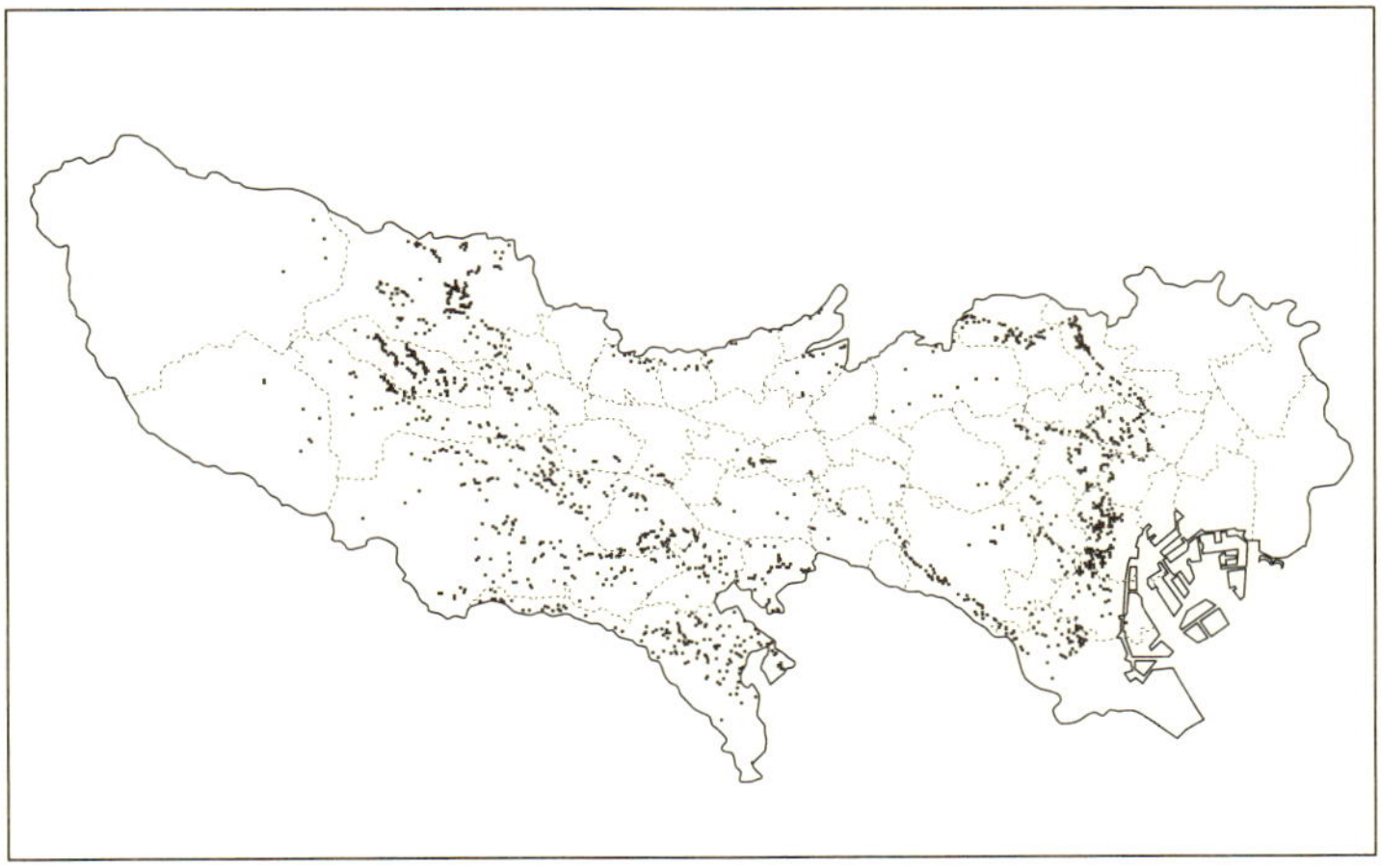

て対策を覚えておくことが大切です。

3、電車ではいつも安全な場所に

電車に乗る時、どの位置を選んでいますか？　安全度が高いのは、真ん中の車両の座席に座っているか、混んでいるときは車両の中央でつり革につかまっている状態です。また、衝突する先頭車両と、追突される最後尾車両がもっとも危険で、続いて、連結部とドアの近くに立っている状態の危険性が高いことが、これまでの脱線事故での統計によって立証されています。大地震が起きた場合、電車に乗っていて怖いのは、揺れで脱線することと、橋上で高所から川に落ちることですが、これらの危険はどのような事故の場合でも共通しています。ですから、電車の中では、なるべく安全な場所にいることが基本的な対策です。

具体的には、いつも、真ん中の車両に乗って、座るか、廻りの人がクッションの役割をする車両の中央部のつり革に摑まっている状態に自分を置くこと。逆に、ドア近辺や車両の連結部に立っていることは、最悪の選択です。

駅にいる場合でも、ラッシュ時にホームの最前列にぼうっと並んでいるのは、とても危ない状態です。地震でなくとも、後ろから突き飛ばされる事故が想定されますし、現実にも珍しくありません。ホームを歩く場合、地震が起こった時も含めて、あらゆるケースで中央部を移動するのがベストです。理不尽な外力がかかった場合、直接的な危険が予測される位置に自分を置かないことが、公共交通機関で生き残るための対策です。

すわ、大地震という場合は、これまで述べた安全な位置にいてなるべく危険を回避した上で、車両から最寄り駅に移動することになります。慌てずに運転手や駅員の誘導に従って下さい。高架や橋という未知の危険もありますので、線路上を安全に歩くことはかなり難しいでしょう。軽率に動き出すのはかなり危険で、パニックに陥らないことが必要とされる局面です。

首都圏で新装された駅は、耐震補強が進んでいます。危険が心配される駅ビルやホームはほとんどありません。停電と橋の安全確認に時間が費やされるので、電車は最低半日間動き出さないと予測されますが、目的地が近ければともかく、距離がある場合はじっとしている方が安全です。近所で電車が動き出せば、危機は去ったという判断が成り立ちます。

4、大都市の地下の危険

首都直下地震の震度は、阪神・淡路大震災と同クラスか、それ以上だと予測されています。ですから、地下でも相当揺れるでしょう。しかし、すべての駅で耐震補強が進んでおり、プラットホームの中柱が折れるような事態は起きません。地下鉄に乗っている場合、運転手はすぐ最寄り駅で止まるよう指導されており、落ち着いたら、駅から地上に出ることが基本です。

怖いのは停電です。普段の指導通り、すべての車両が駅までたどりつけるかどうか分かりません。突然止まったままで、電気が来ないまま数時間が過ぎるという車両が数多く出るのが最悪のシナリオです。線路内は、自家発電により、真っ暗にならないよう備えられていますが、動き出すことは無理です。中央指令所から運転手へ指令が届かなくなる可能性がありますし、地下では携帯電話は通じません。

真っ暗の中、乗客を安全に駅まで誘導するという難事を実行できるのか、これが問題です。東京電力は、停電は極力ないように努力する、と言っていますが、これだけネットワークが複雑になると、どこで停電が起こるかを予測することは不可能です。いつ通電するか分からず、乗客が落ち着いて線路を歩き出した時、一斉に停止車両が動きだすとしたら、かなり危険です。地下にいる場合、運転手まで正確な情報が届かないことが、最も懸念されます。

東京の地下鉄線路には勾配があります。もし、大津波がきて、水が地下鉄線路に入った時、勾配の一番低い部分に乗客が乗った車両があると、逃げる場所がありません。地下鉄の運転手は、路線の中の高低差をあらかじめ知っておいて、停止位置の危険性を判断できる必要があります。ＡＴＳと信号に従って漫然と運転しているだけでは失格です。

地下鉄の場合、揺れるとしても、地上よりはかなり震度は低く、心配なのは揺れによる脱線よりむしろ、地上との情報の途絶です。最悪のシナリオが実現されないよう、鉄道会社は各社努力を続けています。停電さえ起きなければ、大分、安全度は高まるでしょう。地下にいる場合に限らず、どんなことが起こっているのか分からない、という事態こそ「スーパー都市災害」の一番の恐怖です。

地下鉄で大地震に遭遇した際の対策としては、運転手や駅員の指示に従い、冷静に行動することです。乗客が正確な情報を持っていることはありません。怪我がなければ、車両の中で安全が確保できる場所におり、電車が最寄り駅まで動くのを待つことです。わたし自身は、東京では必ず懐中電灯を持って歩きますし、一駅二駅くらいの距離ならば、地下鉄は乗らないことに決めています。大都市では、地下に限らず、情報途絶が起こり易い場所はなるべく避けるという配慮を、頭の隅に必ず置いて行動する心がけが大切です。

地下道を歩いている場合は、停電でも保安灯が点灯しますから、真っ暗になることはありません。単に大きく揺れるだけでしょうから、落ち着いて、最寄りの出口から地上に出れば、ほとんど問題ないでしょう。東京の地下街は浸水する心配はありませんから、少し火事を心配するだけです。

繁華街やオフィス街では、地震直後はガラスなどの落下物の危険があるので、地下の方がより安全です。火事に備えて地上への脱出路を近くに確保した上で、落ち着くまでは、地下街に滞在するという選択肢も考えられます。

5、路上を走る自動車の中にいたら?

よく、「大地震がきたら、自動車はキーをつけたまま、安全な路肩に寄せて駐車し、すみやかに歩いて逃げましょう」というルールが語られています。しかし、実際にその通りの行動をする人がどれだけいるか、かなり疑わしいのではないでしょうか。

車は大きな財産ですし、自宅なり会社なり、身近で安全な場所へ車で急いで向かうことは当然の行動です。放置するのは、渋滞がひどくて、1時間ぐらい動かない事態に直面した後になります。現実問題として、責めることのできない避難行動です。

首都高速道路には、阪神・淡路大震災で倒壊した神戸線のような、耐震強度に欠ける路線はないとされています。心配なのは、首都高に接して建っている周囲のビルです。老朽化したビルが倒壊し、高架道路上に倒れてくる可能性が、かなり高いと指摘されています。ですから、全線が無事であるかは、断言できません。

まず、車を運転している場合は、揺れによる衝突を防ぐことが基本です。シートベルトを締めていないと、車から放り出される危険があります。揺れの直後は、ハザードランプをつけながら減速し、追突を防ぐために路肩に近づきます。首都高は緊急輸送道路に指定されていますから、地震の際でも、車の通行は止まりません。歩くのは厳禁で、車に乗ったまま、もっとも近いインターチェンジから地上に降りて、安全な場所に車を止め、歩いて近くの避難場所に向かうという避難行動が基本となります。

もう一つ重要なことは、どこを走っているかを認識しておくことです。一般道路はともかく、高速道路を走っている場合は、あやふやなことも多いでしょう。インターチェンジを下りた先が危険地域というケースもありえますから、位置確認は基本中の基本です。カーラジオからの情報は有効でしょう。停電で信号が止まってしまうと困ります。交通秩序が無茶苦茶の中で、安全運転できるかどうか。路上には車だけでなく人が溢れており、瓦礫もあります。車の火災の可能性もあり、車で長距離を運転して避難することはまず無理でしょう。

片側2車線以上の広い道路は緊急輸送道路に指定されていて、ふつうの自動車は入れない決まりになっています。広範囲な救助活動を考えれば当然の措置で、救命や消火や瓦礫の片付けなど、あらゆる意味でスムーズな移動が至上命題です。しかし、2車線の細い道は震源に近づけば近づくほど、老朽住宅やビルの倒壊、火災などで道がふさがっていて、まず歩けないことが予測されます。

首都直下地震の場合、救急車や消防車が優先して走るための緊急輸送道路が、帰宅困難の歩行者だらけという事態の方が心配です。4車線道路は、歩行者天国ならぬ歩行者地獄になるという危険があります。対策は、社会を挙げた取り組みによって、被災直後の一斉帰宅を防ぐことが重要でしょう。戸外はどこにいても、しばらくは危険に充ちた状態が続くことを、肝に銘じて行動して下さい。

避難所の他には、耐震補強の進んでいる新しい建物も、かなり有力な逃げ場です。

6、繁華街からどう避難するか

もし、買い物をしている最中に大地震がきたら?

大都市において、繁華街はもっとも投資が重ねられている地域です。新しいビルについては耐震補強について充分な配慮がされていて、建物内にいる場合、地震直後の落下物や大きな家具等の倒れ込み以外の心配はありません。ですから、デパートなど大規模な商業施設にいる場合は、非常口などの避難路を確保した上で、震災直後の混乱をやり過ごすのが最善です。路上を歩いている場合も、安全そうな建物に逃げ込めば、落下物による被害を防げます。

店側から考えると、「余震のおそれがあります」とアナウンスして店外に出てもらえば、管理責任を問われることもなく楽ができるものの、外へ出たとたん、客は逃げ惑う群集に混じり、大きな危険に巻き込まれます。外部との出入りを制限した上で、どこか1カ所に集まり、建物の周囲にいる人の数が少なくなるまで待つという方法を採れば、円滑に避難行動を進めることができるでしょう。

わたしは、大地震後は1時間店内にいて頂く、という統一ルールを百貨店協会で作って、新聞などで広報活動を展開することがいいと考えています。ルールを皆が知らないと、店内に閉じ込められたとカン違いしてデマが乱れ飛び、店内でパニックが起こる可能性があります。

客の側から見ると、トイレも食料もありますから、繁華街のデパートなどの店内はかなり有利な場所です。注意すべき点は火事です。デパートの場合、地下の食料品売り場での実演販売など、建物の中でさまざまな形で火を使っています。スプリンクラーや自動シャッターなどの消火手段は完備しているとしても、万一に備えて、なるべく低層階の非常口近くに動き、安全

予防対策用最大震度分布図

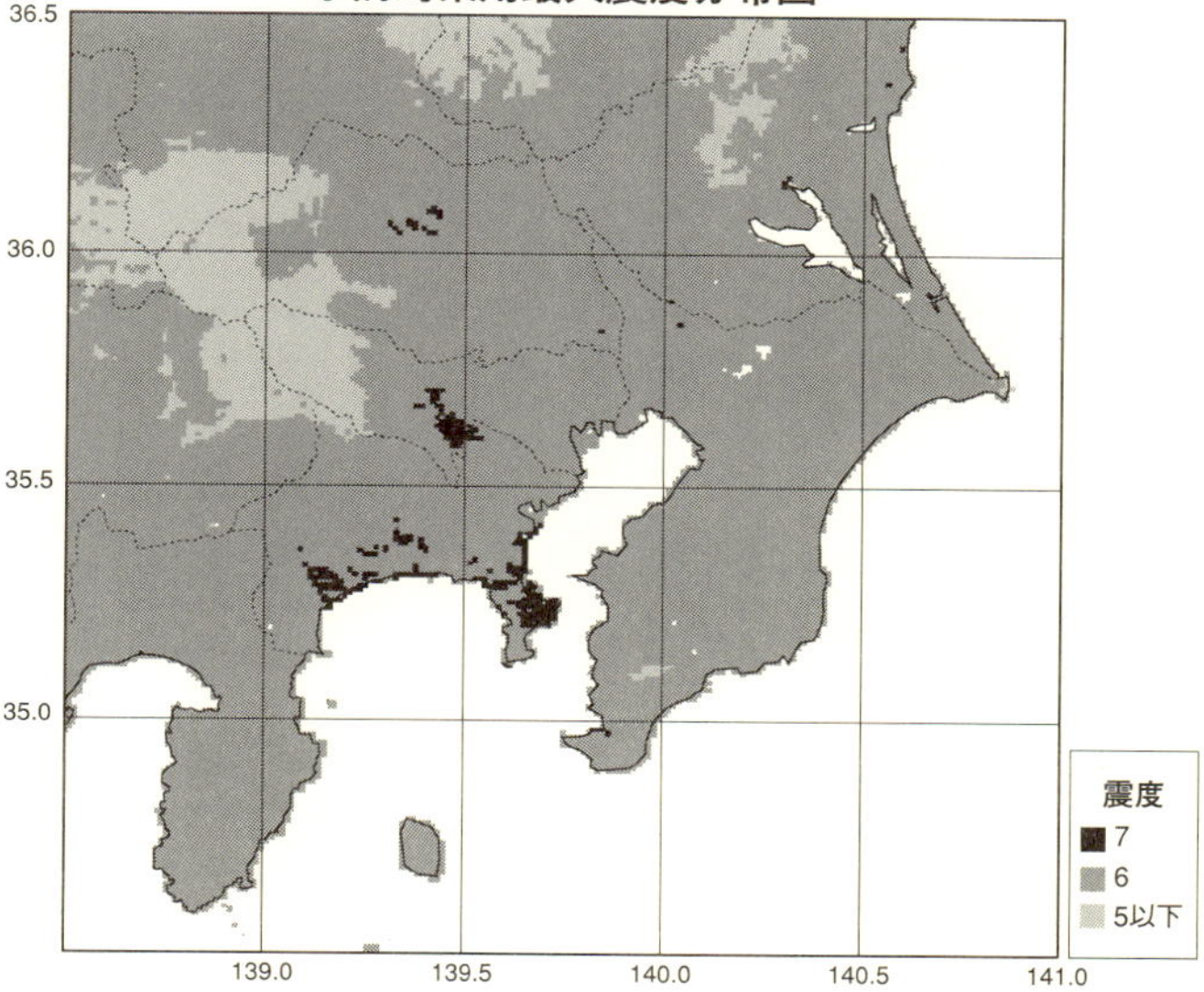

M7以上の活断層の位置（太線）

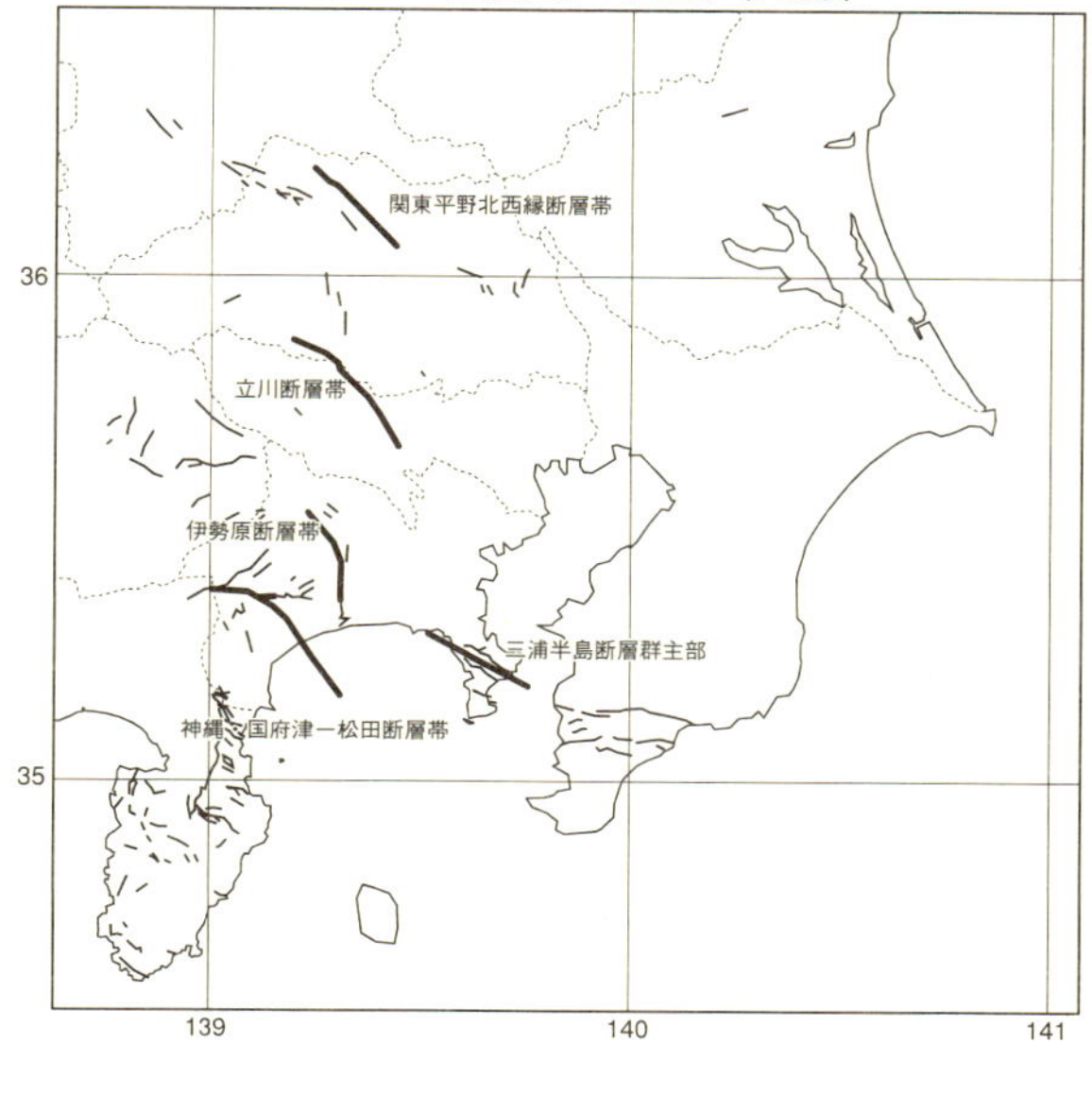

を確保するスタイルがベストです。

商店街など、小さな店舗が並んでいる地域の場合、大地震が来たらシャッターを閉めて対応するのが普通です。ですから、店外に出るほかありません。みんなが逃げてゆく方向が風下で、一緒に行ったら火事という可能性も十分考えられます。群集心理に流されて、すぐに動くのは危険です。

家の近所か、離れているかによっても対応が違いますが、路端にある地図や近所の人に聞くなどして、どこに避難所となる学校や公園があるか、位置を把握して移動することが最優先です。

7、行動原理の基本

大地震の場合、建物は高層階ほどよく揺れます。ですから、住宅やビルでも、人は本能的に下の階への移動を考えるものですが、阪神・淡路大震災での調査によると、木造住宅が全壊する時はほとんどの場合、1階からはじまり、倒壊するような強度のない建物については、危険度は低層階ほど高いことが判明しています。この現象を「層破壊」と呼び、阪神・淡路大震災の死因の85%を占めています。ですから、揺れが落着くまでなるべく安全な場所で動かないことが、基本となります。

家の外での危険は、これまで強調してきた通りですが、とくに高齢者があわてると、とっさに身をかばうことができないため、大ケガをします。２０００年10月の鳥取県西部地震や01年３月の芸予地震による犠牲者やケガ人の多くは、高齢者が慌てて外に飛び出して、そこに古いブロック塀が倒れてきたり、屋根瓦が落ちてきたケースで発生しています。

室内から外に出ようとして、玄関の敷居や階段の段差でつまずいて足の骨を折ったり、割れたガラスや食器を素足で踏むというケースも多く、かなり危険です。また、ビル街の場合、高所からの防ぎようのない落下物の危険も忘れることはできません。どの場所にいても素足のまま慌てて移動することが、もっともリスクの高い行動です。

揺れから身を守ったら、予測するべきはライフライン障害です。ガスや水道が止まることでは、直後だとさほどの打撃はありませんが、停電はかなり大きな影響が出ます。地下鉄・電車や高層ビルのエレベーターなど、電気がないと移動手段が確保されないケースの避難行動を述べましたが、火事が起きているのでなければ、停電が回復するまで待つのが上策です。

首都直下地震の場合、老朽化した建物の全壊・倒壊と、火災という直接的な危険、さらに大量の被災者が発生するために起こる大混乱が対策の基本です。特に、昼間は家から離れている住民ばかりで、地震直後、一斉に徒歩で帰宅を開始することが、もっとも憂慮されている事態です。

「首都直下地震対策大綱」にも「一斉帰宅」対策は最重要課題として挙げられています。しかし、混乱を防ぐという意味だけではなく、被災地でやみくもに歩いて体力を消耗することがどれだけ危険かは、ご理解頂けたでしょう。電力会社や交通機関のライフライン障害は、各社の努力で時間を短縮する準備が続けられています。

首都圏は、交通網が広域ネットワークで繋がっている点が地形的に有利であり、震源の近く以外、公共の交通機関が東京圏の全域で、3日を越えて長期間ストップするという事態は考えられません。

8、緊急時の連絡手段は？

オフィスで被災した場合は、1971年以前の古いビルでない限り、いきなり倒壊することはないですから、落下物や倒れてくる棚などを避ければ、命の危険はありません。家族や同僚の安否確認を急ぎ、情報を収集しながら様子を見るという対応がベストでしょう。

死活問題は外部との連絡ですが、多くの人からの電話が集中して輻輳という現象が生じ、防災・行政機関や119番・110番などの緊急通話、公衆電話の通話を確保するために、電話局の交換機は通話規制を行います。阪神・淡路大震災の時は、通常の50倍の通話が被災地に集中したため、3日間程度、被災地への電話がかかりにくい状態が続きました。これは、固定電話と携帯電話のどちらにも共通しています。

安否確認は、伝言ダイヤルや携帯の災害用伝言板を使います。

NTTの災害用伝言ダイヤル「171（いない）」は、被災地内に住む人の電話番号を使った音声メールボックスです。被災地にいる人は、安否、現在地などを自分の家の音声メールボックスに残すことができます。

１７１の番号を押して、音声ガイダンスに従って操作すれば、簡単に使えます。市外局番から自分の家（あるいは連絡先）の電話番号にかければ、メッセージが10個まで録音でき、一杯になったら古い順から消えてゆく仕組みになっています。保存期間は、録音してから48時間です。

公衆電話は10円玉なしでも使える優先電話になりますが、テレホンカード式の公衆電話は停電になると使えなくなるおそれもあります。これは、家庭のＦＡＸ兼用や親子などの高機能電話も同じです。普段から、通勤路線などで、古いタイプの公衆電話がどこにあるか、位置を確認しておく必要があります。

携帯電話の方ですが、新潟県中越地震の際は、通話は75％の規制がかかったので、つながりにくかったのですが、携帯メールは使えました。東京の場合、被害の規模が違い過ぎるために単純に使えるとは言えませんが、今後の緊急対策として、通信各社の集中投資の対象になるでしょう。

少なくとも、各社が用意している災害用伝言板サービスは緊急時に使用可能です。普段は使えませんが、震度６弱以上の地震などの災害時のみ、１７１とほぼ同じ仕組みで、自分の携帯番号に音声でなく文字で（ｉモードなど）メッセージを入れて、家族や関係者が見ることができるシステムになっています。

大災害の場合、安否確認の手段は基本的にはこの二つです。家族全員、大人から子供まで、どちらの連絡手段も自由に使えるよう、あらかじめ話し合っておきましょう。携帯の伝言板などは、案内表示がありますから若い人にとっては簡単ですが、高齢者の場合は、電子機器に弱いケースが多いので注意が必要です。緊急連絡手段で安否を確認した上で、行方が分からなかったり危険な状況の人の救援に向かう手順になります。

すべてのケースで、携帯電話の充電器を所持していることは、かなり有効です。

大都市にはお互いに顔見知りでない人が集まっています。避難する場合の助け合いもスムーズに進むかどうか、なかなか難しいでしょう。強固なコミュニティの一つである会社は公的な負担を軽くする役割を果たすという期待があります。管理職の家庭を同じ地区の社員の防災拠点として使えるよう、普段から備蓄を心がけて頂いて、一人暮らしの女子社員を助けてあげるなど、お互いに信用できる社員ネットワークを有効に活用して頂きたいものです。

ただし、いくら準備していても、家族全員の安否確認をすぐ済ませるのは難しいはずです。やはり、朝家を出る時、家族全員が1日のお互いのスケジュールをすべて把握しておくべきでしょう。安全な場所や地域にいるかどうか、情報がなくても判断がつけられるような習慣が必要です。

子供が学校にいる時間ならば慌てなくても大丈夫ですが、電車で移動中の場合は危険だと想像できます。その上で、どこに大きな被害が出ているかの情報があれば、どこに自分が動くべきかについて、伝言ダイヤルがなくても判断できます。各自、日々どこに避難することを想定しているか、緊急時の集合場所を決めておくことです。避難所に逃げている場合も、自宅に張り紙などを出して、家族に自分がどこにいるかをきちんと伝達することが必要です。ただし、留守宅に泥棒の入った例が阪神・淡路大震災で発生していますので、この点にも注意して下さい。

毎日の家族間のコミュニケーションが防災の基本です。お父さんは家を出たら鉄砲玉、という生活習慣は、まず、改めなければいけません。

9、伝言が難しい保育園

東京の場合、両親が共稼ぎで、子供が保育園にいるケースも多いでしょう。親子が離れ離れになっている場合に、どのような流れで避難活動が行われるのでしょうか。親の通勤先はまちまちで、距離も離れているはずです。幼稚園は多くの母親が専業主婦で近所にいますし、小中学校はそのまま避難所として機能し、児童も学校にいますから、どちらもそう心配はいりません。

保育園の場合、まず、保母・保父さんが、１７１や災害用伝言板を使って、子供の安否を伝言することが出発点になります。そのメッセージを親が聞いて、何時に迎えに行くことができるかを伝言して、子供を引き取る形が理想です。

しかし、保母・保父さんは連絡すべき人数がかなり多く、震災直後の混乱の中で、親との連絡がきちんと取れるかどうかわからず、かなり負担のかかる作業でしょう。親の携帯番号やメールアドレスまで、きちんと把握していない、というケースも多いはずです。

停電を想定すると、親から保育園への連絡手段は、公衆電話に限られる可能性があります。しかし、災害時に使用可能な公衆電話は、コンビニや駅などの限られた場所にしかなくて、大行列が想定されます。

逆に子供が親へ伝言をしたくとも、仕事上の緊急連絡で慌てている大人たちが子供の並んでいる順番を無視して割り込み、小学生はいつまで経っても並びっぱなしなどという事態も起きかねません。自主防災組織が町内にある公衆電話の使い方を監視して、子供を優先で大人が代わりに掛けてあげるなど、マナー教育も必要です。

阪神・淡路大震災の時には、公衆電話にも10円玉が必要だったために、あまりに使用者が多くて、コイン箱が一杯になってしまい、使えなくなりました。その反省に立って、NTTは10円玉がなくても優先電話である公衆電話を無料で使えるようにしました。ただし、残念ながらどんどん公衆電話が少なくなっています。阪神・淡路大震災当時約80万台だったものが、２００５年末で約40万台に半減しています。

こうして検討してゆくと、保育園のように親子が離れていて、お互いが直接１７１や災害用伝言板を使うことができない場合、連絡にはかなりの困難が予測されます。園では、両親のいずれかが迎えにこない限り子供を引き渡すことができないため、数日間、預からなくてはいけないという可能性が高くなります。各自治体には、保育園・幼稚園・学校についての、独自の組織的な連絡ネットワークを持つ構想の実現が望まれるところです。

幸いというか、これまで子供が親と離れている時間帯に大地震が起こったケースはあまりありません。唯一、2004年7月の新潟県の集中豪雨で、中之島保育所の園児と保母・保父が80名ほど孤立し、自衛隊のヘリコプターが4時間かけて救助したという例があります。鉄筋コンクリート2階建ての屋上からロープにぶら下がって、園児や保母・保父が代わる代わる救助されたので、ご記憶の方も多いでしょう。

さしあたり、緊急時の連絡について、園と親がかなり突っ込んだ対策をお互いに確認することが大切です。

10、大災害時にはまず「共助」

地震から2、3時間経って、安否確認も済み、周囲を見渡す余裕ができた頃、ほとんどの人は自宅を目指そうという気持になるでしょう。しかし、少し待って頂きたいのです。ここで、「共助」という言葉を思い出して下さい。「黄金の72時間」と呼ばれますが、家具に挟まれて動けない人や、家の下敷きになっている人の命を助けることができるのは、震災直後の3日間だけです。自分が無事だったら、近くの救命活動に従事すること。ボランティアなどをしなくとも、救命活動は立派な「共助」です。

大規模な災害の場合、119などほとんど通じませんし、被災地の消防や警察だけでは人手はまったく足りません。全国から応援が来るのは、2日、3日経ってからです。阪神・淡路大震災の時、おおよそ2万軒の建物が層破壊し、家の下敷きになった人は何万人もいたはずですが、神戸市消防局が救助したのは全部で1千900名ほどでした。これは、ほとんどの人が近所の人の助け合いで救出されたことを示しています。

木造の家は、ノコギリ一つで解体できます。どんな重い家具でも、裏板などの薄い部分から壊すことができるものです。バール、ジャッキ、ロープ、ハンマー、ツルハシなどの工具があれば、かなりのレベルの救助が可能です。阪神・淡路大震災が早朝起きたため家族全員が揃っていたケースが多かったにもかかわらず、全員無事に避難所に逃げてしまい、その後、救命活動に従事した成年男子は3割だけだったといいます。どの場所にいても、自分と自宅が無事で、家族の安否確認が済んだという心配事の少ない男性は、ぜひ「共助」に向かって下さい。

まず、負傷者の傷の応急手当をし、重傷者は近くの拠点病院に連れてゆくこと。阪神・淡路大震災のときは、救急車が来ないので、拠点病院に自動車や、戸板や棒2本と毛布で作った即席タンカなどで運び込んだそうです。消火活動も重要です。都市ガスはマイコンメーターによってすぐ止まるようになっていますが、破裂したガス管から漏出したガスまでは止められません。臭いには注意して、二次災害がでないよう注意しましょう。水道が出ている間に水を確保しておくことも重要です。被災地には、仕事が山積みになっています。

各企業や官庁において、さまざまな業務継続計画が練られていますが、実際に大地震がきた場合、防災担当者が事前の予定に従って行動すると想定することにはかなり無理があります。しかし、防災計画に、このような「共助」の姿勢を盛り込んでおけば、むしろ、業務の継続もスムーズに図れるのではないでしょうか。

火事の発生件数は風向き、気候、地震の起きた時間に左右されますから、予測は困難ですが、いずれにせよ風下に逃げないことが大切です。隅田川や荒川下流域では、知らずに火事の現場に近づき、逃げようとしても、橋が通れなくて立ち往生、という事態に巻き込まれる可能性が高いです。どのようなケースでも、地震の直後は、荒川、隅田川、多摩川などにかかる大きな橋を渡って帰宅することはまず無理と考えておいて下さい。

11、「一斉帰宅」の恐怖

ここまで、何度か「一斉帰宅」の問題について触れてきましたが、本当に一斉帰宅が危険であることは何度繰り返しても足りないと思います。救命活動を勧めるのには、実は、一斉帰宅を防ぐという意味もあります。会社から自宅がごく近距離で、徒歩30分で着くというのなら話は別です。しかし、10㎞を越える距離の場合は、じっくりと情報を収集する必要があります。

首都直下地震の場合、テレビ、ラジオ、インターネットがすべて使えないことはありえず、停電していない避難所ならば、かなり正確な情報が入ります。どのようなケースでも、身体の安全を確保したら、最初に、震源地、被災地の被害様相、ライフライン障害の状況はどうかなどを、きちんと把握することが一番大切な作業です。

被災地の状況は刻々と変わります。特に、消火活動がかなり難しいと火事がどこまで拡大しているのか、携帯ラジオがなければ、歩行中に情報を入手することはできません。

大災害時の移動手段は、バイクは路面がガタガタで危ないですし、自動車は渋滞で無意味です。結局、徒歩しかないのですが、瓦礫で邪魔されて広い道路しか歩けませんし、そこは緊急輸送道路で自動車が信号なしで走っている状況です。落下物も心配です。昼間はまだしも、夜、闇の中で歩いたら、瓦礫につまずき、割れたガラスで怪我をするという状態になります。

阪神・淡路大震災の時は、あまり報道されていませんが、夜間は略奪や暴行などの犯罪が多発しました。夜に女性が一人で歩いて家に帰ることなど、言語道断の危険な行為です。混乱の中では、成人男子でも昼間1日だけで20km以上の徒歩移動はかなり困難です。

防災の専門家として、「帰宅支援マップ」のような情報が広まるのは一方で良し悪しで、地図の情報だけを頼りに歩いたら、火災の現場に近づいていた、というケースも起こります。瓦礫の山や火事など、障害を前に立ち往生したあげく、あちらこちらを動き回って体力を消耗するのが一番まずい行動です。

緊急輸送ルート事前計画

●警察応援部隊進出拠点

区分		名称	所在
東京	15	葛西臨海公園	江戸川区臨海町6-2
	16	立川地域防災センター	立川市緑町3233-2
神奈川	17	県総合防災センター	厚木市下津古久280
千葉	18	柏の葉公園	柏市柏の葉4-1
埼玉	19	県中央防災基地	川島町大字上狢111-1
	20	埼玉スタジアム2002	さいたま市緑区中野田500

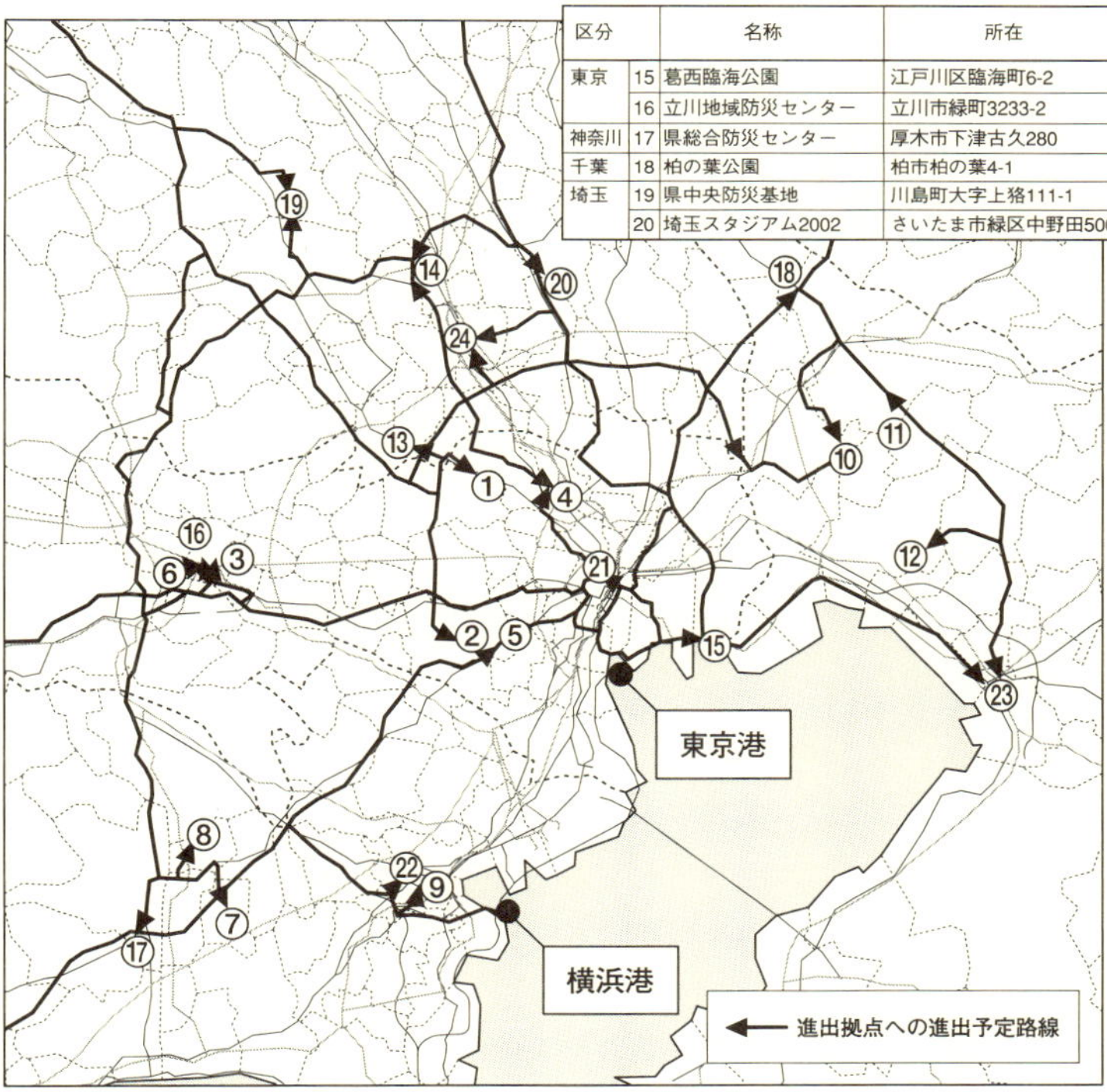

●緊急消防援助隊進出拠点

区分		名称	所在
東京	21	東京消防庁	千代田区大手町1-3-5
神奈川	22	横浜市消防局	横浜市保土ヶ谷区川辺町2-9
千葉	23	千葉市消防局	千葉市中央区長洲1-2-1
埼玉	24	さいたま市消防本部	さいたま市浦和区常盤6-1-28

●自衛隊進出拠点

区分		名称	所在
東京	1	陸上自衛隊練馬駐屯地	練馬区北町4-1-1
	2	陸上自衛隊用賀駐屯地	世田谷区上用賀1-20-1
	3	陸上自衛隊東立川駐屯地	立川市栄町1-2-10
	4	陸上自衛隊十条駐屯地	北区十条台1-5-70
	5	陸上自衛隊三宿駐屯地	世田谷区池尻1-2-24
	6	陸上自衛隊立川駐屯地	立川市緑町5
神奈川	7	海上自衛隊厚木基地	綾瀬市無番地
	8	陸上自衛隊座間駐屯地	座間市座間
	9	陸上自衛隊横浜駐屯地	横浜市保土ヶ谷区岡沢町273
千葉	10	陸上自衛隊松戸駐屯地	松戸市五香六実17
	11	海上自衛隊下総基地	柏市藤ヶ谷1614-1
	12	陸上自衛隊習志野駐屯地	船橋市薬円台3-20-1
埼玉	13	陸上自衛隊朝霞駐屯地	練馬区大泉学園町
	14	陸上自衛隊大宮駐屯地	さいたま市北区日進町1-40-7

情報収集の基本は、まず、被災地から遠ざかることです。被災地の中心では混乱に巻き込まれるだけで、客観的な状況は何も分かりません。山で遭難した場合、谷沿いを下るという道をえらぶ心理になりがちですが、実は逆で、山の上の方、稜線を目指せば道は必ず見つかるものです。川で水も補給できるという目算で沢を下ってゆくと、地図にない滝の上に出て万事休す、という死亡例がよく見受けられます。稜線に出れば、道筋も単純になるものです。

首都直下地震の帰宅困難者について、覚えておくべき対策があります。被災地の中心から離れることを原則にして、首都圏の外側から帰宅する方法です。たとえば、震源が浦安の方だったら、逆側の横浜の方に出て、電車やバスが動くのを待ち、遠回りでも確実に移動できる手段を考えるのです。

関東平野において、円を描きながら近県を結ぶ路線はたくさんありますから、よく選んで被災地を避けて移動すれば、危険なく家に近づくことができます。徒歩移動が危険なのは、都心と震源域の近くで、近郊はかなり緊迫度が低くなるはずです。船で東京湾を渡るという方法もありますし、ディーゼルカーが早く動き出すこともあります。都心、震源の近く、川などを、徒歩でまっすぐ通り抜けようと考えるのが、もっとも愚かな行動です。

もちろん、待てないという気持ちはよく分かります。動き出す場合は、被災地の情報をよく収集し、食料と水を確保して、できれば運動靴や登山靴に履き替えて、できれば一晩明かすくらいの余裕を持って、1日で帰れる20㎞圏内の方は移動を始めて下さい。

徒歩移動に2日かかるとすれば、被災地から離れた地域では、公共の交通機関が少しずつ復旧を始めているはずですから、前にも述べた通り、さほど被害がひどくなかった場所を通って移動できるはずで、無闇に歩くことはあまり意味がないでしょう。地震が起こる前と道路の状況はまったく異なっており、高速道路の側道などは、落下物に注意する必要があります。歩くのならば、緊急輸送道路のような広い道路を選んでルートを考えましょう。

12、首都防災の困難

東京は、職住の距離が離れていることが、防災上の対策を難しくしています。各避難所は、今のところ、人数的にはほぼ近隣住民が逃げてくる分だけを想定していて、帰宅困難者の分まで手が回らない、という状態です。普通の発想だと、コンビニなど近くの店でとりあえずの食料を調達してから、避難所へ行って、トイレを済ましてから落ち着くまで待つという行動パターンを考えるでしょうが、地区外の人の分の本格的な備蓄までは用意されていません。

帰宅困難者について、人数は想定されたものの、自治体の対策はまだまだこれからです。ですから、特に都心部では、目につくところにある食料は、あっという間になくなるでしょう。他の大震災の場合に、3日で食料が来たからといって先例にはなりません。ビジネス・アワーに大震災が起こった場合には、職場など、出勤した先のコミュニティへの期待が大きくなるでしょう。実際に、三菱地所の本社などは、自家発電機を備えて、食料の本格的備蓄をし、一般の人にも配ろうという計画を進めています。

まだ検討されていない問題点は、コミュニティのつながりが弱い外国人です。パスポートがなく本人確認が困難でも、避難所はある程度受け入れざるをえない状況です。避難所は学校が多いので、子供がたくさんおり、教師を含めて、外国人と十全にコミュニケーションをとり、本国との連絡などを含めた対応をすることはなかなか難しいでしょう。かなりの数がいると見られている不法滞在者などとの共存は今後の大きな課題です。アメリカ人は米軍が助けるでしょうが、他国がどこまで動くか難しく、各国大使館の対応が望まれる次第です。

基本的には、全壊・半壊を免れた家にいれば、補給がさほどなくとも、1週間くらいは持つものです。現実には、家で肩を寄せ合ってという避難生活が主流になるでしょう。今の日本では、群集のパニック反応が起こることはないようです。阪神・淡路大震災でも、みな冷静に対処しました。関東大震災の時は、情報を伝達する方法がないために、暴動が起きているなどというデマが飛び交ったのですが、ネットワークが発達した現在ではまず大丈夫です。

パニックは狭い場所、たとえば映画館の火災などの、特殊なケースで起こるだけでしょう。よく、地方自治体が避難勧告を出し遅れた際、パニックを恐れてあえて出さなかった、という言い訳をしますが、先進国ではあまり通用しない論理です。

地震直後から2、3日目までの避難行動をまとめてきましたが、人は水だけあれば1週間は生きられます。現在、7日もの間、餓死するまで食料が入手できないということは、まず、考えられません。都市機能自体は災害に弱いですが、復旧や救援はかなり迅速になっています。情報収集の困難も、広く問題点が知られることにより克服されつつあり、おおむね3日、72時間我慢すれば混乱は終わるという心構えでいれば間違いはありません。

　繰り返しになりますが、「首都直下地震」については、東京がライフラインへの依存度が高いことを充分に認識した上で、揺れによる建物の被害と火事を避けることが、対策の一番の中心になります。直後の混乱を無事に過ごせれば、被災地に近づかなければ安全です。慌てずに体力を蓄えて、一斉帰宅の渦には巻き込まれることなく、なるべく消耗の少ない手段で帰宅するよう心がけて下さい。

第2章　日常防災の新常識

1、日常防災の基本

首都直下地震に襲われた時、自分はどこにいるか？　防災には運次第としか形容できない領域があります。しかし、これまでの地震のデータから、どのように備えればリスクを減らすことができるかがわかってきましたし、努力すれば解決できる問題もかなり多くあります。「危機管理」は、国家や企業の組織を防衛するだけではなく、個人の安全保障から出発する必要があります。

これまで繰り返してきた通り、地震の危険のほとんどは、直後15分に集中しています。家やオフィスの中にいて、建物が崩壊するか、あるいは家具や壁により致命的な打撃を受けるか、あるいは挟まれるか。死因のほとんどは、圧倒的な外力によって瞬間的に生じる損傷です。都市の公共空間の耐震補強を進めることは国策となっていますので、やはり、個人が「自助」によって備えるほかない家の中をどこまで安全にできるかが重要なポイントとなってきます。

防災において、すべての基本となるのは、家具の固定です。

新潟県中越地震で、全壊家屋数に対して亡くなった方の割合が阪神・淡路大震災より10倍も少なかったのは、生活空間が広かったからです。小千谷や山古志などの山間の地で起こったので、間取りにゆとりがあり、家具が倒れてもさほどの危険はありませんでした。夕刻の地震で、食卓や居間にいる時間帯であり、寝室で寝ていて箪笥の直撃を受けるということが稀だったという事情もあります。阪神・淡路大震災の場合、古い木造住宅の倒壊が多発した地域では、4畳半や6畳の狭い部屋で、倒れてきた家具に直撃されて命を失うケースが多く見られました。

つまり、寝ている時に倒れてきた重い家具の下敷きになって亡くなる、という形があってはならないと同時に、多発するパターンです。寝室に致命傷となるような大きな家具を置かないことが一番ですが、日本の住宅事情を考えるとなかなか思い通りには行きません。寝室をよく検討して直接家具が倒れ込んでこないよう位置に配慮し、その上で固定することが基本です。

ネジ止め式や突っ張り棒など、さまざまな商品が販売されています。壁に穴を開けたくないなど、さまざまなニーズがあるためですが、基本は、家具の分厚い板と柱をネジで止めるという方式がもっとも丈夫でしょう。

前にも指摘しましたが、震度6強を越えた場合、たとえ固定していたとしても家具は倒れます。しかし、固定器具は無駄ではありません。その力によって、いざという瞬間に、数秒の時間のゆとりが生まれます。揺れていきなり家具がバタンと来るのではなく、寝返りを打って避ける猶予ができるのです。ここで、配置の問題が重要になってきます。布団やベッドの近くに、すぐ逃げ込めるスペースを確保しておいて下さい。

最悪なのは、畳の上に布団を敷いて寝ていて、両脇に固定されていない整理ダンスと洋服ダンスがあるような配置です。あるいは、居間などの普段の居住空間においても、いきなり家具が倒れてくると、怪我をしたり、最悪亡くなったりという配置になっているケースが、案外多いのではないでしょうか。

2、家具への配慮

食器棚の安全確保は重要です。観音開きの戸が多いはずで、地震の時に開かない工夫が必要です。ゴムバンドや紐などで止めておくという処置が考えられます。割れた食器やガラスによる怪我は、二次災害の代表です。家の中で一番安全なのはリビング・ダイニングというお宅も多いでしょうが、食器が棚から飛び出してくるような構造になっていると、リビング・ダイニングに足を踏み入れられないという事態が起こります。家中のガラスは、安全を考えて、補強用のフィルムを張るなどの配慮が必要でしょう。

揺れの大きさが心配されるマンションの高層階などでは、家具は造りつけのクローゼットで済ますことが安全度を高めるコツです。わたしの家は、常時使う部屋の家具は子供の勉強机だけにしていましたが、阪神・淡路大震災の時に一つだけ抜かりがありました。ガラスケース入りの日本人形が棚の上から落ちてきたのです。たまたま、ソファーの上に落ちたから良かったものの、かなり危ない事態でした。ガラスケースに入ったものは、すべて危険ということです。大阪の北新地のクラブでは、阪神・淡路大震災の時、壁に並べてあったブランデーなどのボトルが全部割れたそうです。床に分厚い絨毯が敷いてあるので、最初に落ちた壜は割れなかったのですが、その上にまた壜が落ちてきて、全部ダメになりました。店中がお酒の匂いで一杯だったという話です。ガラス製のものは、高いところに飾っておかない方が無難です。

芦屋の高級住宅街でも、棚にきれいに並べられていたウエッジウッド・コレクションなどが軒並み全壊し、高級食器がずいぶん失われました。大ショックを受けた持ち主からは、「もう、二度と集めない」という声が聴かれたといいます。値段の高い食器は、大震災で全部割れてしまうという覚悟をしてから蒐集しなくてはいけない時代です。

忘れられがちなのが仏壇です。とても重く、倒れてきたら凶器です。部屋を圧するような大きな仏壇でも、ぜひ固定して下さい。灯明をともしっぱなしのお宅は、その習慣を止めるべきです。仏壇から火事が起こるなど最悪の事態になりますので、お参りを終えたら必ずロウソクの火を消して下さい。

意外な危険物は、熱帯魚の水槽です。割れたら凶器になりますし、水槽から水がなくなったのに通電したままで置いておくと、ヒーターと浄水器から火が出る危険もあります。防災という見地から家の中全体を見直してみると、意外な発見があるはずです。

3、枕元に何を置いて寝るか

よく、工具や薬が入った防災袋、懐中電灯、スニーカーが枕元に備える3つの道具と呼ばれています。しかし、まとめて袋に入れておくことは、あまり意味がありません。震度6強の地震に襲われれば、どこかへ飛んでしまって、見失ってしまうのです。夜中に地震が起り、停電で真っ暗の中、探そうとするだけで大変で、あるべき用品がないという心理的なショックを考えると、かえって逆効果です。袋に紐をつけておけばいい、という人がいるかもしれませんが、紐が何本も出ていると普段はジャマです。

わたしは、引き出しの取手などに紐でくくりつけた懐中電灯を、各部屋に一つずつ用意しておけばいいと考えています。懐中電灯は、もっとも必要度が高い備品です。工具などはむしろ、車のトランクなどに用意しておき、安全を確認した後で、ゆっくりと探せばいいと思います。懐中電灯が全部の部屋に用意してあれば、どんな非常時でも1個くらいは見つかるでしょう。すべて、アバウトな感じで対処するのがコツです。懐中電灯は、一家に1個くらいでは、いざという時にまず役に立ちません。

重要な習慣として挙げられるのは、年末の大掃除など区切りを決めて、毎年1回、電池を換えることです。まったく使っていなくとも、電池は切れます。どこにあるのか位置を確認することと、いつでも使用可能にしておく心がけがないと、せっかくの懐中電灯もムダになります。

もう一つの必需品は、携帯ラジオです。100円ショップで売っているAMラジオで充分ですから、何個でも用意しておいてください。ラジオも、懐中電灯と一緒に電池を交換します。

電気の扱いも、普段の習慣が大切です。電気製品は、遅れて危険がやってきます。電気ストーブの場合、無人の状態で点火されていなくとも、何かの拍子にスイッチが入り、引火することがあります。家具の下敷きになって圧迫されているコードに通電して発火の原因になることもありました。復旧過程で、一斉に停電が解消されて、通電火災が多発する可能性があります。避難所生活をして家を離れている場合、電気製品のスイッチの切り忘れは極めて危険です。

これらを「通電火災」と呼び、阪神・淡路大震災では出火の主な原因としてクローズアップされました。基本原則は、避難するために家を離れる際、必ずブレーカーを落とすことです。旅行などで2、3日家を離れる場合でも同じです。もう一歩進んだ対策として、暖房器具などの火災を起こす可能性のあるものについては、使用後、電源コードを抜くことを心がければ安全性はより高まります。外出する際、火元になる電気器具のチェックリストを用意して、コードを抜く習慣をつけて下さい。

よく、火元の危険が強調されますが、ガスはさほどの心配はいりません。ガス自体はマイコンメーターで止まりますし、石油ストーブは倒れたら自動的に消えます。地震が起こった直後に火事で死ぬ人は、まず、いないはずです。ストーブなりコンロなりが点火されているということは、誰かがそばにいるということですから、揺れがある程度収まった段階で火を消せば十分間に合います。

季節が冬だと、卓上コンロの上の鍋を囲んでいるケースが想定されます。調理中も同じことですが、このケースはやや危険です。大切なのは、火からすぐ身を離すことです。とっさに火を消そうとすると、揺れて手元が狂って大ヤケドを負うことがあります。もう一つの危険は、ガス漏れで、周囲の臭いにはよく注意して下さい。二次災害を防ぐための、大切なチェックポイントです。

自動車は、地震が起こった時、携帯電話の充電、一時的な暖房、雨宿り、停電時のカーラジオなど、さまざまな用途に役立つ有効な道具です。また、工具などもトランクに確保しておけます。災害時に役立たせるために、いつもガソリンを満タンにしておきましょう。

ただし、1982年の長崎豪雨で水損した4万台の車を調査した結果によると、道路が30cm以上水に浸かって車がエンストを起こしたりマフラーが水中に没すると、エンジンをオーバーホールする必要が生じます。分解して洗浄・清掃すれば動きますが、6カ月ほど経つと、突然、交差点の真ん中で動かなくなったりして、例外なくオシャカになりました。自動車は、水に弱い道具です。

4、ライフラインが断たれたら

大きな地震が起こると、銀行のATMやクレジットカードが使えなくなります。緊急措置として、銀行では本人確認ができる身分証明書があれば、簡略化した手続きで預金を引き出せる手筈になっており、免許証・パスポート・健康保険証などはコピーでもかなり重要な印鑑の代用品になります。普段から心がけて用意しておきましょう。

しかし、被災後２、３日は、銀行に並んで交渉する余裕はありません。薬、水、食べ物、ガソリンなどのこまごまとした必需品が買えるかどうかが重要です。数千円単位のお金を、家の中の各所に小分けに袋づめにして置いておくと便利でしょう。お金に限らず、必要になりそうな物品は、１カ所にまとめて置かないことが防災上の秘訣になります。

飲み水は、阪神・淡路大震災の時は一人１日２ℓが必要と言われました。家族４人だと８ℓで、１週間分を備蓄するのは正直たいへんな量で、現実問題としては、水はどこかで調達すると考えた方がいいでしょう。しかし、ペットボトルは１本ずつではなく１ケースごとで購入しておけば、節約すれば１週間の飲用水くらいにはなります。一度に２ℓのボトルを、６本とか８本買うわけです。みんなが何も持たずに避難所に集まると、物資を配給する自治体は悲鳴を挙げます。家族の分を全部まかなえないとしても、これだけの量があれば、かなり助かります。

文化的な生活を維持するためには、トイレの水も必要です。成人男子で、１回分の排泄物を流すのに５ℓから８ℓが必要ですから相当な量です。これは、風呂場の水を毎日抜かないようにして対応するのがベストです。標準的な浴槽で３００ℓ入りますから、数日間分の備蓄にはなります。浴槽の水は、洗い物などにも使える大切な資源です。生活の中では、当然ながら飲

っています。

用水が優先で、洗濯に必要な水が滞るのが困るようで、なるべく水を捨てない工夫が必要になってきます。

断水といっても、すぐ完全に止まってしまうわけではありません。ポリタンクを用意しておけば、給水車が来たりした時も便利です。被災直後でも、水が止まるまで、ポリタンクや浴槽に貯めておくことは、マンションやビルなど、屋上の貯水槽から各部屋へ給水するシステムになっている場合に特に有効な裏技です。給水車の水などは、当たる可能性もあるので、飲用に使う前に煮沸した方が安全です。

食べ物は、さほどの危機には陥らないでしょう。阪神・淡路大震災の時、非常食として乾パンを食べている人の姿は見かけませんでした。家が全壊しても、下敷になった冷蔵庫の中からソーセージや果物を持ち出したり、いろんな調達手段があります。32万人が避難所に集まった一番のピークは、地震から1週間目でした。家にいて細々と食いつないでいた人が、いよいよ食料が切れて、配給のお弁当を貰いに行ったわけです。支援を必要としたのは、震災直後ではありませんでした。

もっとも、阪神・淡路大震災の場合は被害地域が限定的で、周囲の交通網が維持されており、4日目からは水、食料、毛布などが入ってくるという条件に恵まれました。東海・東南海・南海地震になると、面的にダメージを受けますから同じようには周囲の交通網は維持されないでしょう。特に、長期間に亘る交通網の全滅が想定される山間部は、本格的な備蓄が必要です。

ラップフィルム、ビニール袋、トイレットペーパー、乾電池、ウエットティッシュ、手袋・軍手、小銭、使い捨てカイロ、携帯コンロ（ガスボンベは被災地の外部から調達できない）、下着、薬、紙コップ、アルミ箔、紙皿、生理用品、帽子。これまで特筆しなかったものの中では、こうした物が被災地では役立ちます。また、思い出のアルバムは、阪神・淡路大震災ではかなりウエイトの高い持ち出し品でした。

5、都市の中の避難所

阪神・淡路大震災は、日本で起きた最初の大都市災害です。その中で、避難所生活のルールが生まれたのは大きな財産でした。

たとえば、全員に届くだけの数がなければ食物は配らず数が揃うまで待つというルールがあります。ある日、2千人ほどが暮らしていた西宮の避難所に500個のリンゴが届きましたが、個数がぜんぜん足りませんでした。「包丁で切って配ろうか」という話も出ましたが、手間を考えるとムリで、結局、3歳までの子供に配布というルールをひねり出しました。

電話は受信のみで夜10時以降にかかってきた電話は取りつがない。こちらから電話をかける時は、避難所の外へ出て公衆電話からかける。

掃除当番の順番や消灯をきちんと守る。

近隣の人が食料だけもらいにきても、避難所の人と同じ扱いにはせず、たとえば水とおにぎりだけしか配らない（避難所内の人から不満がでる）。

ペットとともに避難所で生活することに一般の人たちから強い抵抗があったので、ペットと飼い主は一緒に避難所の別室に集まる。

新潟県中越地震では、山古志村の闘牛や錦鯉と住民の関係が話題になりました。人間と動物の関係も、忘れることはできない要素です。

阪神・淡路大震災で、一番問題になったのはトイレでした。流す水がなく、排泄物が山盛りになるので、ともすれば大人や大学生のボランティアは掃除を嫌がり、活躍したのは高校生のボランティアです。使い方にも混乱が多く、避難所ごとにルールを作りました。排泄物を捨てる場所がなく、穴を掘るとか、新聞につつんで別の場所に捨てるとか、土地の事情に応じたさまざまな対策が生まれました。「首都直下地震」についても、トイレ対策はかなり重視して進められています。

もっとも、地震直後、避難所に頼った人の割合は、初日の15％から4日目の12％とかなり低く、60％強は自宅で過ごし、残りは友人宅・親戚の家・会社の寮などで過ごしました。すわ、大震災という場合、前にも述べた通り、「自助」の割合がかなり高いことを示しています。また、1カ月近く過ぎて仮設住宅への入居の斡旋が始まりましたが、被災者全体の1・7％が入居したに留まり、うち約4割が高齢者でした。

「スーパー都市災害」については、身一つの被災者がどこからともなく避難所に集まってきて、そのまま動けないという漠たるイメージがあるかもしれません。実態はかなり違い、6割以上の人が自分の家に留まって、瓦礫の処理をはじめとする生活再建に取り組んでいるのです。

6、PTSDの怖さ

地下鉄サリン事件は、阪神・淡路大震災と同時期に起こり、PTSD（心的外傷後ストレス障害）という現象が知られる契機にもなりました。深い心の傷は決して癒されることがありません。何度も襲ってくるフラッシュバックなど、一生、傷とともに生きることになります。阪神・淡路大震災から立ち直るのが難しかったのは、日頃、話し相手のいない独居老人でした。新潟県中越地震でも同じです。

被災者は、怪我がなかったとしても、死に瀕するほどの怖い目にあっています。肉親や周囲の人の死や家財の喪失などの悲劇にも直面し、健全で強い精神を持っている人でも立ち直りが難しい状況です。特に、PTSDに罹った高齢者は、立ち直る術がありません。

一番の対処法は、とにかく話を聞いてあげることです。しかし、キリスト教の牧師さんのように、悩みや苦しみを打ち明けられる職業の人が身近にいる社会ではありません。結局、対策本部にカウンセラーが来て対応するわけですが、事前に関係が結ばれているわけでもなく、いきなり切実な心の悩みを打ち明けることは無理です。結局、肉親や近所の人の励ましによって立ち直るのがもっとも自然な形になりました。

立ち入った話までできる人間関係を結ぶことは、地震が来てからでは遅すぎます。家族やコミュニティの基盤を固めておくことが大切ですし、逆に、人間関係が希薄な地域に大災害が来たら、地域の復旧は困難でしょう。都市の場合は顔見知りになることさえ難しいことも多いようですが、人間関係はいざという時の命綱です。

7、はじめての集団ボランティア実践

ボランティアも、実は、無傷で過ごすことはできませんでした。みな、仕事が終わったらディ・ブリーフィングと呼ばれる、1日にあった出来事を仲間と話し合い、ストレスの解消と情報共有を図る会合を繰り返し持つようにしています。そうしないと、精神的な疲れが溜まって落ち込んでしまいます。悲惨な現場ばかりを見て、被害の相談を次々に受ける状況は、ボランティアにも楽ではありません。

最近、若い学生ボランティアの活躍が話題に上るようになりました。食べ物の配給や家の片付けなど、力仕事が必要な被災初期段階では、若い人たちはずいぶん頼りにされ、重宝されます。しかし、復旧がある程度進むと、家庭の主婦の出番がどんどん増えてゆきます。子供が二人いるくらいの中年の主婦は、ボランティア向きです。一日、とりとめのない世間話をして老人を励ますとか、被災者の際限のないグチを聞いてつらさを共有することは、若い人にはできない芸当です。

阪神・淡路大震災の際は、3カ月くらい経つと若いボランティアの仕事がなくなりました。すると、リーダーのうち何人かが、自殺してしまったのです。使命感を支えにして現場で頑張っているうちに、被災者との間に齟齬が出てきたのが原因でした。これも、PTSDの一つです。水や食料を運んだら、ありがとう、と感謝されていた時期から、生活費や仕事の悩みが中心になる時期に移り、〝あんたら、いらん〟というような状況になったのです。あれだけ大量のボランティアが被災地に入ったのは日本ではじめてのケースで、お互いの経験不足が原因となる悲劇となりました。

メンタル・ケアは、戦後、アウシュビッツ強制収容所などに入っていた人たちのトラウマ（精神的外傷）を治療するために生まれました。いつ死ぬか分からないという状況は、人の心に深い傷跡を残します。ヨーロッパでは、キリスト教という下地があるため自然にメンタル・ケアが定着しましたが、日本の場合は、阪神・淡路大震災がはじめての実践であり、社会の中ではまだ熟成が足りません。

しかし、大阪教育大付属池田小学校で起こった校内児童殺傷事件のような想像を絶する事件が多発し、犯罪被害者だけではなく、周囲の人間まで治療が必要な時代です。これは成熟社会特有の現象です。ひどいPTSDは、家族や友人のケアだけでは対応できません。

都市の避難所は、短い期間の住居、水、食料を提供するだけで、後は、被災者の自助努力を待つという通念に立っていては、復旧は不可能です。防災・減災には、被災者の心理面までの目配りが必要です。

8、死命を制するのは情報

わたしたちが、阪神・淡路大震災を経験して知った最大の課題は、情報の共有です。自治体が正確な情報を出すかどうかで、人の運命は大きく変わります。規模が大きな災害については、一個人の力で情報を入手することは不可能です。国までが、正確な情報の把握に苦しむ上に、伝達も困難な状況です。

あらゆる通信手段が有効な日常生活から、まったく何の連絡手段も役に立たない状況になることを想像するのは、とても難しいことでした。どこに逃げたらいいかさえ、まったくわからない人が大量に発生し、もちろん、自分自身もその中に入ってしまいます。

まだ、人命救助が最優先される災害初期に、助かった人たちが食料や物資が足りないと騒いで、輸送トラックなどを出してもらうように要請する。結果として、道がますます渋滞して、救命のための緊急車両が動けず、助かるものも助からない、という事態が多く見られました。消防—警察—自衛隊などの被災地での相互連携は、難題として残されるでしょう。

被災者にとって必要な情報も、日を追って変化します。直後は地震情報（震度・震源地・規模・津波情報）、数時間経つと被害が大きい地域の情報や、ガス漏れ・通電火災・余震などへのニーズが主力になります。半日過ぎれば、水・食料・避難所状況・救援物資などの生活情報や、交通、医療、ボランティアなどの情報の重要度が高まります。開いている銭湯、人工透析をしている病院の名前などは、かなり切実な情報です。

もっとも重要なのは、罹災証明書の発行と、自分の家が半壊か全壊かを判定し、住めるかどうかを見極めることです。すべて、地方自治体に依頼する必要がある問題で、早く申請を開始することが生活再建への確かな一歩となります。阪神・淡路大震災は、全壊に認定された場合、公費で解体できたため、全壊家屋が増えたようです。しかし、公費解体は大災害に慌てた地元自治体の窮余の策で、「首都直下地震」の場合は、対象家屋の数が多すぎて公費では対処できないでしょう。なるべく、元の家を活用する方が安く上がります。

被災者一人一人にとって、自分自身が受けた被害は絶対的なもので、みな悲惨であることは論を俟ちません。わたしがセンター長を務めている「阪神・淡路大震災記念　人と防災未来センター」は2002年に開所し、被災者の方々をご招待するイベントを設定しましたが、〝自分たちがこれだけひどい地震に直面したことを初めて知った〟という声をかなり聞きました。多くの被災者は自分の回りの出来事しか目に入らなかったのです。ちょっとでも地震に触れることが嫌で、避けているうちに7年はすぐに経ってしまったということです。

悲惨な状況で客観的になろうとすることはなかなか難しい業ですが、被災の内容を正確に知り、公的な災害・援助情報をなるべく早く、大量に入手することが、生活再建まで見据えた正しい姿勢です。

9、三十六計逃げるにしかず

これまでの記述から、読者のみなさんは「スーパー都市災害」という新しい災害像について、どのような印象を持たれたでしょうか。わたしが強調したい原則は、災害の可能性を忘れていることが、一番危険だということです。「首都直下地震」が起こるというイメージを持っている人と持っていない人では、生存率にかなりの違いが出てきます。

しかし、日本人は、どうも、災害の警告を受けても、大事には至らないと考える傾向にあるようです。たとえば、2000年の東海豪雨水害のケースを調べてみると、愛知県内で市町村の避難勧告が出た地域の人口65万人のうち、逃げた人は6万人でした。1割ほどの人しか逃げなかったわけです。1割という数字は、だいたいどの地区の調査でも同じで、信憑性があります。

暴風雨が来て、市町村が避難勧告を出した場合、同じ状態が続くと危険で、何も被害が出ないのが幸運という前提で指示を出すわけですが、10人に9人は家から逃げません。その上、避難勧告がややフライング気味で、逃げなくてもよかった場合に、住民やマスコミは市町村に囂々たる非難を浴びせます。実際は何事もなく済んだのに、逃げたせいで大損害を受けたから慰謝料を払え、と言い出しかねない勢いです。

こういう国民性なので、市町村は避難勧告を出すことを躊躇しがちです。また、住民の方は行政への不信を深めて、ますます逃げないという傾向を強めます。しかし、ほんとうに危険が迫っている時、逃げずに後悔したとしても、自業自得です。大災害時の避難行動の原則も知らず、混乱を助長して、結果的に被害を大きくしてしまうのも「逃げない人」たちの仕業でした。

10、最新鋭の排水ポンプが仇になる

２０００年9月11日から12日にかけての東海豪雨水害で、天白川、藤川、郷下川に囲まれた名古屋市天白区野並地区も、浸水により大きな打撃を受けました。中小企業が多く、のちに経営困難をきたした工場も多いそうです。

もともと、水害が多い地域でもあり、名古屋市も一応の手段は講じていました。9年前の１９９１年9月の大雨で市の排水ポンプが機能停止して水が溢れたので、１９９９年5月には38億円もかけて新しいポンプ場を完成させたのです。５台のポンプを備えた最新鋭の排水機場であり、ピカピカの近代的なデザインで、自治体の自慢の設備です。住民はどんな豪雨が来ても大丈夫と安心しました。

ところが、１時間に65㎜を越える雨の前に、ポンプ場は、まったく無力だったのです。もともと、設計上は東海豪雨の雨量には対応できない施設だったのですが、別のことで住民をカンカンに怒らせてしまいました。雨が降るにつれて、ポンプが１台、２台と止まってゆき、最後に5台目も止まってしまったのです。

どうしてこんなことが起こったのでしょうか。91年の時は床上30㎝の配電盤が浸水してポンプが止まったので、反省して高いところに設置してあったのですが、今度はポンプに燃料を送るポンプが浸水してしまって、ガス欠で動かなくなってしまったのです。結果、街は最大4mも浸水してしまいました。

大雨の最中、完成したばかりの最新鋭のポンプが停止して、まったく無力化している一方で、2階まで浸水する家や工場が続出しました。住民の怒りは、結果的には無駄な投資となったポンプ場に向かいました。ポンプ場ができて安心し、浸水対策を怠って機械が壊れてしまった企業主としても、泣くに泣けず、怒りの矛先を自分以外に向けるしかありません。天白区では、市に対する抗議活動が起こりました。住民と法人が起こした総額約7億7千万円の損害賠償を求めた民事訴訟は、2006年1月に住民敗訴という名古屋地裁の判決が出ました。未曾有の豪雨の予測不可能を理由にした判決でした。

11、避難準備情報の問題

この東海豪雨水害は、7人の死者が出て、愛知県だけで7千400億円の被害を出すという大災害であり、自治体の対応のあり方が問われる事態が数多く起こりました。

まず、天白川流域では、川が氾濫寸前という情報が住民から天白区役所に寄せられました。区役所は一住民からの連絡だけで市長名による避難勧告を出せるかどうか判断しかねるとして、職員が様子を見に行きました。

車で現場に到着すると確かに川は溢れかかっています。しかし、役所に帰ろうとすると、車が渋滞で動けず、携帯電話は大混線で通じないという状態で、あっという間に、川が氾濫してしまいました。こうして、天白区は避難勧告を出し遅れてしまったのです。職員が一般の「できれば逃げたくない」という人と同レベルの対応をしていたことがこうした事態を招いたのです。

夏、豪雨と氾濫の多い名古屋市では、その翌年から、避難準備情報を出す方針を固めました。通常は大雨洪水警報から避難勧告を出すという流れでしたが、その前に、このまま雨が降り続いたら避難勧告が出ますよ、という段階を入れたのです。準備情報には、予測が含まれていますから、避難勧告より予測が外れる可能性は高いものです。名古屋市の場合も、これまでに3度、空振りになりました。

わたしは豪雨の朝、生中継のTV番組に出演して解説を担当しました。女性レポーターから「また準備情報が外れましたね」という質問が出たので、「準備情報が外れたのは、被害が出なかったという意味ですから、良かったんじゃないですか」と答えると、驚いたような顔をしていました。レポーターは、天気予報が外れて怒ることと同じ発想で捉えていたのでしょう。

行政側にも、避難情報が外れて、ムダ逃げになった場合、なぜ災害予測が外れたのかを説明する義務はあるでしょう。現状では空振りしても頬かむりですから、マスコミや住民の怒りも理解できます。しかし、無事だったからこそ怒れるという事実は忘れるべきではないでしょう。

２００５年4月から、国は全国の自治体に、積極的に避難準備情報を出す、という方針を打ち出しています。実際、05年夏の新潟や北九州の集中豪雨の際に、準備情報が出ました。背景には、04年に水害で２００人が亡くなったうち、60％が災害弱者の高齢者だったというデータがあります。高齢者は打てば響くような避難活動ができませんし、過疎地では、避難所の小学校まで１㎞２㎞歩かなくてはいけない。自主防災組織が、地域を車で回って高齢者の救助に廻るとしても、避難勧告が出るほどさし迫った状況になったらもう手遅れです。

高潮・洪水に共通する避難行動の原則は、浸水したら困る大事なものを2階に上げてから、水が来て逃げられなくなる前に、徒歩で高台に逃げるという方法です。車は渋滞に巻き込まれたら逃げようがないため、使うべきではありません。しかし、避難準備情報の段階で、まだ安全で渋滞もないと判断できたら、車ですぐ高台に逃げる、という手段も考えられます。

12、逃げる人、逃げない人の運不運

同じ東海豪雨水害で、9月12日、愛知県西枇杷島町（現清須市西枇杷島町）では洪水が起こっています。

11日夜11時55分、庄内川の河川工事事務所の所長は西枇杷島町の町長へ、氾濫の恐れあり、町民に避難勧告を出して下さい、という電話をしました。庄内川は名古屋市と西枇杷島町の境

界を流れる一級河川で、国土交通省が直轄で管理しています。計画高水量が毎秒4200立方米のところ、4000立方米の水が流れていましたから、水が溢れはじめていて、避難勧告を出したのは正しい判断でした。

町長は、電話や広報車など複数の手段を使い、すぐに勧告を出して、住民の80％以上に連絡が届きました。1万7千人の住民のうち、8千500人が二つの小学校と一つの中学校など9施設に避難しました。避難所は、もう、かなりの混雑でした。

12日午前3時半、新川の堤防の左岸側が100mにわたって切れ、特に上流地域の名古屋市西区とこの町に1・5mから1・7mの氾濫水が出ました。ところが逃げなかった人もたくさんいます。1階で寝ていて、冷たいと感じたら、水の中で寝ていたという人もいました。急いで、2階に上がったのですが、慌てていて大事な物を持つのを忘れて、ペットフードだけを手にしていたそうです。しかし、床上浸水で留まったので、逃げなくても死者は出ませんでした。

問題は水害の後です。逃げなかった人たちは、おおむね、1階の大事な財産を2階に上げて、損害を軽微にする余裕がありました。ところが、深夜だったこともあり、身ひとつで慌てて逃げた人たちの家では、浸水で1階の家財が全部ゴミになりました。

2004年に浸水被害の起った48の市町村を調べると、床下浸水の場合、1世帯あたり平均0・6tのゴミが出ますが、床上浸水の場合は4・6tに跳ね上がります。床下と床上で7倍被害が違うのです。西枇杷島町では、家に止まって被害を食い止めた人が、何も持たずに避難所に逃げた人たちのことを、あいつらはバカだと陰口をたたいたりしました。

もし、豪雨が続き、庄内川が避難勧告どおりに切れていたら、最大6mの濁流が町内に流れ込み、決壊口付近では、鉄骨住宅でも木造でも、1階建てでも2階建てでも、すべての家は流されていたでしょう。江戸幕府が17世紀に造った新川に水が逃げ、これが切れてヒューズの役割を果たしたために床上浸水に止まりましたが、より激しい豪雨が来たら、どうなるか分からない事態でした。

地方自治体は逃げた人の方が正しかったと、住民へ危険な状態をきちんと表明しておかないと、逃げない人が賢いという間違った常識を育てることにつながります。

13、「小さな政府」の危険

遅れて浸水するという特殊な事例もあります。

東海豪雨水害で、新川堤防の決壊から7時間後の9月12日午前11時、決壊地点から下流へ2㎞離れた南側の西枇杷島町市街地に水が出ました。橋の取り付け道路の盛土のトンネルを通って流れ出した水の量が危険なことに、行政を含めて、誰も気づかなかったのです。無事だったと安心した朝に、1・5mから1・7mの床上浸水となりました。

浸水した地域には町工場が多く、何千万円もする精密機械がたくさん壊れました。豪雨があがり、薄日が射した後の浸水です。「水が来ると警告してくれたら、きちっと機械を上にあげたのに」とみな怒り心頭に発していましたが、河川課・係すらなく担当者がいない町役場が、変則的な浸水を認識し警告することは不可能です。

西枇杷島町は、元は一面の芦原でした。自治体は、過去の地形まで教えてくれません。水は10万分の1の勾配でも流れ下る特性をもっており、都市は豪雨時の水の動きまで考えて設計されてはいません。

国は今、小さな政府を目指して、地方自治体や民間への権限委譲を進めています。議論はすべて、財政赤字の解消を目指すべきだ、という方向性です。しかし、防災のように、公益性が高く単純な経済効率で図れない事業の場合は、熟練した人間の力だけが頼りです。一級河川は国が管理し、それ以外は都道府県が担当していますが、今後はむしろ、行革に逆行しても、氾濫の恐れがある河川には必ず専門家がいる組織を持つ必要があるでしょう。

川の近くで元は湿地という、洪水の危険がある地域の住民の方々は、1時間に50㎜という数字をよく覚えておいて下さい。想定外の大雨が続いたら、逃げる準備を始めることです。エアコンの屋外機は、50㎝の浸水なら大丈夫という高さに上げておきましょう。自動車など、どこに動かせば安全か、普段からシミュレーションしておくことが大切です。

14、ＪＲ博多駅に洪水が来ると

ＪＲ博多駅の辺は元湿地帯で、雨水が集中する場所です。さきほどの愛知県西枇杷島町などと同じで、今は、ビルが並びコンクリートで舗装されて、湿地帯だった面影もありませんが、土地の特性は変わりません。

1999年6月29日の集中豪雨では、御笠川が氾濫し、下水もあふれて博多市街は大きな被害を受けました。駅前デイトス地下街にも浸水し、東福第二ビルの地下にも駐車場から水が入り、レストランの開店準備中で逃げ遅れた中年女性が一人亡くなっています。

行政もきちんと対応しました。御笠川の川底を掘って断面積を大きくし、地下街の扉の出入り口には防水扉をつけました。地下街の場合は、どこから水が入ってくるのか分かっていますから、障害物を置けばいいはずです。

ところが、2003年7月19日の雨で、また地下街が浸水しました。防水扉の高さが不足しており、氾濫水が乗り越えてしまったのです。99年に死者が出た東福第二ビルでは何千万円もかけてステンレス製の防水扉をつけたのですが、03年は閉める人がいなくてまた浸水しました。

99年は福岡市街地の雨で御笠川と下水が氾濫し、03年は御笠川上流の集中豪雨で大規模に水が溢れました。03年の方が水量は桁違いに多く、扉の計算違いには少し同情すべき点もあります。しかし、今後も、福岡県一帯に集中豪雨が来る可能性は大いにあります。駅の場所を変えない限り、いつも浸水する危険があるわけです。

外国では、地下鉄が浸水した実例もあります。台湾の台北では、地下水を汲み上げすぎたために地盤沈下が進んでいます。この地は台風銀座なので、大雨で市街地から地下鉄線路に水が入らないように、土嚢を積むなどして対策を講じていました。ところが、大雨が山の方に降り、線路が地上に出るトンネル入口から水が入って、下水のような形で逆流し台北の市街地が浸水してしまいました。

２００２年のプラハの水害も似ています。モルダウ川にかかった橋に差しかかる地下鉄線路のトンネル口から、川が増水して溢れた水が入ってしまったのです。東西冷戦時代に造られた地下鉄で、地下50ｍ、60ｍを通り、気密性を高くしてあって、核シェルターの役割をも担っていました。水は空気よりはるかに重いので隔壁をどんどん潰して、地下鉄の駅も一つを除いて全部水没してしまいました。ちなみに、電車やエスカレータはすべて旧ソ連製で、チェコ国内や現在のロシアには部品がありません。レール脇のケーブルも旧東ドイツへの特注品で、納品されるまで３カ月という始末。３つの地下鉄路線が最長６カ月間、運転停止になったのですから被害甚大でした。

15、豪雨の定義は１時間50㎜

全国の地方自治体は豪雨の想定の上限を１時間50㎜に想定しており、それ以上降れば下水が溢れます（大阪市の一部では60㎜）。50㎜以上の大雨が降ったら必ず、マンホールや下水が逆流して、道路に浸水が始まるというわけです。平日のビジネス・アワーに１時間に50㎜以上雨が降れば、低地や窪地は水に浸かり自動車で帰れなくなります。

２００5年9月4日杉並区の善福寺川や妙正寺川が氾濫しましたが、1時間の最大雨量は１１２㎜。杉並区では観測史上最高の雨量です。1時間に20㎜の雨が降れば、屋根に当たった雨音で家の中で円滑な会話はできなくなり、50㎜だとめちゃくちゃな雨で、傘をさしていてもびしょびしょになり、１００㎜の場合はもう外を歩けないでしょう。しかし昨今は、地球温暖化の影響から、とてつもない豪雨が増える傾向にあります。

名古屋でも、東海豪雨水害が起こるまでの１０9年間の雨量の記録があり、1日の最大雨量が２１８㎜でした。ところが、２０００年の東海豪雨水害の際は、最大で1日に４２８㎜を記録しています。これまでの最大雨量のほぼ倍降ったわけです。土木工学的な治水施設で処理することが、もともと不可能な雨量でした。

都市に1時間に50㎜の雨が来たらお手上げという現状は、自然の外力に弱いという典型的な数字でしょう。しかし、予測によってポンプ場や処理場の増設で対応するとしても、都市では膨大な費用がかかります。その上、普段はほとんど無駄ですから、「小さな政府」という方向性の中、コンセンサスを得られるとは思えません。

水害や洪水は、これまで経験のない都市などでも、無縁ではない時代に入りました。

16、津波災害の特徴

日本最大の被害をもたらした津波は、2万2千人が亡くなった明治29（１８９６）年6月15

日の三陸沖津波です。この年には小さな地震が続いて起きていて、多少の揺れでは逃げなくても大丈夫という油断が生まれていました。津波を呼んだ夜7時半の地震も震度が3か2だったのです。

しかし、震源地は岸から200km も離れた深海にあり、地上では小さな揺れが5分も続く典型的な津波地震（ぬるぬる地震ともいう）でした。地震の30分後に津波が来て、最大の津波は高さ38m。峠を超えて山から水が落ちてきたといいます。当夜、三陸沖沿岸で集落の家の中に残っていた人はみな亡くなりました。

1993年の7月12日の北海道南西沖地震でも津波が起こり、奥尻島を中心に200名を越す死者が出ました。この地震の震源地は島の近くで、地震津波は揺れの3分から5分後に来たため、直撃を受けた島民は逃げる暇もありませんでした。

津波は、逃げ方が難しい災害です。北海道南西沖地震津波の死者には逃げ遅れた人のほか、車で逃げて渋滞にはまり車ごと流された人も含まれます。津波の場合も、原則として車ではなく、徒歩で安全な高台に逃げるのがベストですが、寝たきり老人や赤ん坊を抱えていると、現実問題として、選択は難しくなるでしょう。

津波の特徴は、ほとんど来ない超低頻度の災害であることと、逃げる暇の少ないことです。高潮や洪水の場合、大量の雨が降ってから起こるものですから、危険についての自己判断が可能です。誰が見ても、氾濫寸前の川であることは分かるでしょう。しかし、津波地震は地上では震度2や3という軽いものであることも多く、揺れたと感じてから、2、3分で津波が来る場合もあります。

気象庁は、地震後3分で津波警報を出すことを目標にしていますが、すぐ津波が到達するという可能性を捨て去ることはできません。津波についての判断基準は、土地の歴史を見てゆくことが有効です。一度でも、大きな被害が発生したことのある地域の住民は、警報が出たらすぐ逃げる準備をして下さい。

逃げ方は高潮・洪水と同じですが、2階に大切なものを上げる余裕がない可能性もあり、津波の頻度が高い地域（数十年に一度という尺度）の方は、1階に重要な物を置かないようにする心がけが大切です。

東京湾の場合は、元禄地震で房総半島南部が6mほど、東京湾内は4mほどの津波が発生し、江戸の町が水浸しになりました。東京湾は湾口が狭く、津波が外洋に逃げ出せないため、湾の内で増幅して大津波になったと考えられています。関東大震災では、房総半島で最大9・3mの津波が生じましたが、東京湾内では60㎝未満だったために、さほど大きな津波被害は出ませんでした。

どちらもプレート境界型地震で起こっており、直下型地震の場合には津波が起こる可能性はかなり低いと見られていますが、警戒を怠ることはできません。

17、自治体の避難情報の信用度

北海道南西沖地震から1年後の94年10月4日午後10時23分、北海道東方沖地震が起こり、襟裳岬から東の道東地方に津波警報が出ましたが、釧路市は避難勧告を出しませんでした。なぜ避難勧告を出さなかったのか質問すると、市の幹部から「先生、ここは私が生まれてから津波が来たことはない。津波が来ない土地柄なのですよ」という答えでした。人が生涯に一度も津波にあっていないことなど確率的には当然です。

釧路市は自主避難を呼びかけたものの、津波の被害は出ました。道路上に10㎝ほどの浸水をしただけでしたが、地下のスナックに水が入って停電し、ガラスを踏んで大怪我をした人もいたという話です。もし、津波が満潮時と重なっていたら、かなりの被害が出ていたはずで、これは不幸中の幸いと評するべき状況でした。

白糠町町長は、「避難勧告を出し、町民は全部避難して、ＪＲ根室本線も運行停止しているのに、線路より海側にある国道38号線ではトラックや乗用車がヘッドライトを点灯して自由に行き来しているんです」と怒っていました。国道の通行を止められるのは北海道開発局の釧路道路事務所の所長だけですが、深夜の地震で無人の事務所から指示は出せません。大津波が来たら、道路を走っている車を助けることは不可能です。

北海道では、市町村が津波警報や避難勧告を出す基準がマチマチです。北海道南西沖地震の被害を踏まえて、北海道東方沖地震の時は揺れの3分後に津波警報が出て5万人に及ぶ北海道民が自主避難したわけですが、釧路市のように危険を無視する自治体もあったのです。北海道の沿岸地域に住んでいる人は、大津波が来ても避難勧告が出ないという事態を想定しておく方がいいでしょう。この後、２００３年に十勝沖地震が起こった時も、同じことが起きました。消防庁の指導に従わず、津波避難勧告の発令基準を津波警報の発令によって自動的に出すと決めていない自治体はまだ多いのです。素人が判断するという危険を理解していない首長がまだまだいるのです。

18、正常化の偏見

津波の恐怖は忘れられがちです。２００4年9月6日午前0時頃、紀伊半島南東沖地震で和歌山県の12の沿岸市町村に津波警報が出ました。ところが、住民に避難勧告を出したのは和歌山市と那智勝浦町だけで、残り10市町村は職員に非常招集をかけないところもありました。震度4の地震で、紀伊半島西岸から四国沿岸まで被害が出た１９４６年の昭和南海沖地震より揺れが小さいということで、避難勧告を出さないという判断を下したようです。

津波と地上の揺れの関係は一定ではありません。１６０5年の慶長南海地震では、古文書にも揺れによる被害の記述がほとんどなく、津波被害だけが記されています。しかし、さきほど挙げた三陸沖津波のように、1分間以上揺れが続けば津波が来る可能性は十分あります。

２００3年5月26日三陸南で地震がありました。明治三陸沖津波で５２０人の死者を出し、昭和８（１９３３）年の昭和三陸津波でも数十人亡くなっている気仙沼の震度は5強でした。逃げた人はわずか人口の１・４％。地震の12分後、気象庁が津波の恐れはないと発表したためです。住民の一部は、引き波から津波がはじまるという誤った知識から、海岸へ水が引くのを見物に行ったそうです。

津波の来襲パターンは多彩で、04年のインド洋大津波に際し、タイのプーケットのように引き波から津波が始まることもあれば、スリランカやインド南部のようにいきなり高い波がくることもあり、揺れから波が来るまでの時間も含めて、定まった傾向はありません。しかし、気仙沼の住民の97％が津波は引き波からと信じていて、東北大学の津波研究者は、日頃の津波についての啓蒙活動が無力だったと、みな落胆しました。

「正常化の偏見」という言葉をご存知ですか？

災害に限らず、人は事件に遭遇しない方が普通の状態です。すると、いざ事が起きたとしても、自分自身はいつも通り事件とは関係ない状況だと思い込んでしまうものなのです。03年の十勝沖地震では、朝4時50分という時間帯だったせいか、隣家と相談して逃げるのを止めた人が多くおり、逃げた人でも、自動車で家の周りをグルグル回る人がいたといいます。

川や海においては、剝き出しの自然の姿が晒されていることは少なくなりました。しかし、土地が表層的に開発され、見た目はすごく堅牢で安全そうになっていても、自然の外力との関係はほとんど昔のままです。津波・高潮・洪水のように不確定要素が多い低頻度の災害については、これまで挙げた例の通り、日常の安全さを信頼しすぎることによって起こる見込み違いが被害を大きくします。

「スーパー都市災害」が懸念されている東京は、国・都・区のすべての努力が積み重なって、全国で一番地震対策が進んでいます。しかし、外力が予測通りでも、波及して起こる事態に想定外のことがかなり含まれるはずです。かなり頑張っていますが、まだまだ「首都直下地震」対策は足りません。

19、イギリスで見た防災マナー

かつて、イギリスのウェールズ地方の都市カーディフで、街一番のホテルに宿泊したことがあります。ベッドで寝ていると、朝6時頃、室内の非常ベルが鳴り出しました。少し前、浴室ドアを開けたまま風呂に入ったので、探知器が湯気に反応したか、と思って外の様子を見ると、廊下でもベルが鳴っていて、階段からゾロゾロ人が降りてきます。これは危ないと部屋のカギを持って、180人ほどの宿泊客とともに玄関ポーチまで避難しました。

消防レスキュー隊が来るわ、はしご車が来るわ、大騒ぎになりました。ボンベを持った消防隊が防護服姿で活動をはじめます。排煙機も回わり始めました。ところが、30分後、火事は間違いだったと分かりました。どうなるかと思っていたら、誰一人として文句を言いません。

男女を問わず誰も靴を履いておらず、バスローブ―パジャマ姿がほとんどで、バスタオルを巻いただけの若い女の子も二人いました。みな、慌てて飛び出してきたことが、よく分かります。ハンドバッグを持って出てきた女性が3分の1ほどいて、男性はみな手ぶらでした。

ほとんどの人が室のカギを持っておらず、宿帳だけでは本人の確認が難しくて、フロントは長蛇の列になりました。しかし、どこからも苦情は出ず、黙々と列に並んでいました。日本で同じことが起こったら、怒り出す宿泊客のせいで無茶苦茶に混乱し、新聞沙汰にまで発展したでしょう。イギリス人は、「災害は、起こらなかったことに感謝する」という基本思想を叩き込まれています。

20、EUの知られざる効果

ウイーンを流れるドナウ河を80㎞川上に行けば、クレムスという世界遺産に登録された渓谷のある町があります。ここの堤防は高さ1ｍくらいで低いものですが、上流のドイツ側に豪雨が降ると、2㎞に亘る高さ2ｍのアルミダイキャスト製の堤防を、50人のボランティアで組み立てるなど、運用を住民の手で自主的に行っているのです。電気工具で組み立てる仕掛けになっていますが、世界最長の着脱式人工堤防です。

クレムスは消防署長がボランティアで、わたしが「みんなどう思って堤防を組み立てているのですか」と尋ねたら、にやりと笑って「3分の1ずつ、嬉々としてやっている人と、義務だからという人と、いやで仕方ない人がいる」。ちょっとほっとする答えでした。組み立てるのは簡単な堤防ですが、後片付けの際、洪水の時に運ばれてきた粘土がアルミ板の裏側にこびりついて、掃除するのがとても大変なのだそうです。

ドナウ河はいくつもの国を通る国際河川で、かつては治水が難しく、流域各国の情報と利害がバラバラに対立し洪水氾濫が起こっていました。ところが、みなブリュッセルの円卓につくことで、自然に解決しました。かつて、上流のドイツはどれだけ雨が降ったのかを下流のオーストリアに教えなかったくらいですが、ＥＵになったら、共同して治水に取り組んでいます。

エルサレムをめぐるイスラエルとパレスチナの争いも、実は聖地を巡るものだけではなく、ヨルダン川などの水利問題なのです。農業地帯ですが慢性的な水不足で、ナツメヤシの栽培などが主力ですから、上流側のパレスチナが勝手に水を取ったら、下流側のイスラエルは困ります。宗教的な対立だけでなく、生活上の死活問題がかかわった争いであることを見落としてはいけません。

治水は文明の根幹を成します。川や海の護岸技術は進み、日常的に水が出て困ることはなくなりました。しかし、都市機能と同じように、想定された危険には充分対応できても、予測を越えた外力には弱いものです。

第3章　災害に強いまちづくりのために

1、高度成長下の開発思想

わたしはこの本で主に、「自助」の大切さを中心に訴えてきました。国をはじめとする「公」の油断は指摘しますが、不信を助長するつもりはありません。しかし、戦後の日本の中心思想だった、家などの私有財産について「公」は関知しないという姿勢は、根本的な転換期を迎えています。まず、「公」だけで巨大災害に対応するのは不可能です。だからこそ、「公」は資金援助をしてでも、少しずつ災害に強いまちをつくり、予期される負担を少しでも減らそうと考えています。その姿勢を共有するためには、まず「自助」の意識を高めて、各家庭で災害に備える必要が生じています。

成熟社会が迎えた大きな転機は、迫り来る「スーパー都市災害」の危険度でした。どのような変化が起こっているのか、まず、どのような開発が一般的だったのかを検討する必要があります。

東大阪市は大阪の中心部に近く、高度成長期に早くから宅地化が進みました。地方からの人口流入に応じて、安く大量に土地が分譲されたのですが、もともとは淀川と大和川が流れ込んだ湿地帯であり、雨が降ると水が溜まるという性格は変わりません。しかも、急に宅地化が進んだために寝屋川の改修工事も間に合わず、雨が降るとすぐ水びたしになる家がたくさん建ってしまいました。

開発を進めた行政側の責任を問うて、１９７６年、大東水害訴訟と呼ばれる大規模な住民訴訟が起こりました。しかし、１９８４年、最高裁で住民側が敗訴。高度成長下で土地の値段が上がり、行政が防災用地を購入することが不可能だった、という判断により判決が下ったのです。戦後の水害訴訟は、すべて国側が敗訴してきたのですが、住民側が泣き寝入りの形となったのはこの判決が最初です。

以後、土地や建物に関する制度は、大東水害訴訟の判例に従い、すべて購入者の自己責任が基本となりました。高度成長期において、急速に膨張する都市の需要に応え、かなり無茶な開発が官民手を携えて進められたことは事実です。わたしがまちづくりの不在を訴えている原因は、実質的にはこの時期に生まれた問題点の後遺症が大部分と考えていいでしょう。

この時期からバブル期まで、土地本位制と呼ばれるほど不動産価値が重視され、価格が右肩上がりになり、民の財産が増えたといわれます。しかし、社会コストも飛躍的に上昇し、公共事業はまったく計画通り進まずに、きわめてアンバランスなインフラ状況になってしまいました。土地売買で一時的な利益を得た人を除けば、不動産価格が上昇したせいで国民は受け取るべき公共事業という富を享受できなかったのです。

ちなみに、東大阪市に限らず、水の出る土地はとても安い値段で売買されているようです。値段に惹かれて買ったら、1階の押入れの奥にすぐカビが生えてくる、というような事がよく起こるそうです。

2、なぜ偽装マンションが生まれたのか

国全体で、急ごしらえの安普請状態は、いつまでも続くものではありません。

1978年に起きた宮城県沖地震の調査結果を受けて、1981年の新耐震設計法の施行が、一つの画期となりました。阪神・淡路大震災での統計を見ても、81年以前と以降の被害は大きく違います。新耐震設計法を守っている建物は、施工不良や、よほどバランスの悪い設計でない限り、おおむね修理すれば再使用が可能な、軽いレベルの半壊に留まりました。81年以降の新しい建物は、発展途上国のようなすぐ壊れるものではありません。

同時に、81年以前の木造建築は、阪神・淡路大震災の震度の前にはほぼ無力で、耐震強度がまったく欠けていることも判明しました。59年に建築基準法が改正されましたが、この基準では揺れに対する強度という認識が不足しています。68年に起こった十勝沖地震の被害から、71年に建築基準法施行令改正により、ようやく耐震強度という概念が最低の水準にまで到達しま

した。

整理しますと、1945年から58年までの建物はかなり危険、59年から70年までの建物は危険度が高く、71年から81年の建物は多少まし、という判断基準が成り立ちます。数は少ないのですが、戦前の家は無事で、やはり、終戦直後の混乱期の建造物が脆弱です。一般に、81年以降は安心というコンセンサスが生まれている状況でした。

しかし、姉歯元建築士の耐震強度数値偽装が明るみに出た後、各地で危険なマンションやビジネスホテルの告発が続きました。バブル崩壊以降の不景気が中小の建築業者を直撃したために、建物の安全性を犠牲にしても床面積が広くて割安な物件で利益を上げるという悪の思想が生まれたのです。規制緩和による民への権限委譲も問題が多く、検査機関が利益を追求するために審査の時間を短縮したり、業者と癒着したりという不祥事の温床となりました。

マンションだけではなく、より審査の眼が甘く、違法な3階建てなどが横行している一戸建て住宅の危険性も指摘されています。建築確認を受けた後、1階の壁をとり除いてガレージにするというものです。個人住宅だけでなく「東横イン」もよく似た違法ホテルを作っていました。心配していたらキリがないのですが、不動産価格の上昇が止まったバブル崩壊後の格安マンションは、ヒューザーのような業者でなくとも疑ってかかる必要が生じました。

もし、安全な格安マンションや住宅を手早く建てるテクニックがあるのならば、資本力と技術力で上回る大手が、より大きな規模で同じ工法を導入しているはずです。周辺の似たような建物と比較して、異常に安いのならば、どこかに手抜きがあると考えた方が自然です。建築基準法に従わない建物を建てた場合、罰則規定を強化しようという動きがありますが、コスト削減の圧力が弱くなるとは考えられません。手抜き工事への警戒を、まだ、緩めることはできないでしょう。

3、利益追求とモラル・ハザード

また、姉歯事件で出た業者のホンネも、見過ごせません。マンションの強度（正式には耐久設計基準強度と呼び、コンクリートの強度で表す）の最低の数値基準は30年間大規模修理の必要がなく、65年間耐用年数があればいいというレベルです。これが「一般」で、65年・１００年と大規模修理の必要のない「標準」「長期」という耐久性が定められているのですが、経済設計の名の下で、来るかどうか分からない大地震を考えて設計するのは過剰、という見切り方もあるという理論が表面化しました。

相場より安いマンションやビジネスホテルを提供し、安全性を犠牲にしても経済効率を重視する。大地震が来れば、ほかの建物にしても壊れるだろうから、分かりはしないだろうという発想です。どこか、古臭い高度成長期の臭いがしてきます。建築基準法には、耐震強度の数値規定はなく、震度５に耐えなくてはいけないという法的な強制力はありません。長く商いを続けようという成熟した発想の企業でなければ、信頼できません。

災害は点でなく面で起こります。百軒がきちんと耐震補強が済んだ地域でも、1軒だけボロボロの家が残っており、そこから火事が出て廻りの家が全部燃えてしまった、という事態も起こるでしょう。筋交いのない柱や耐力壁のない、耐震強度に欠ける一戸建て住宅も多く見られます。自分の家の近くの、道路に囲まれた1区画の中に危険な家がないかどうか、購入する時から注意しなくてはいけません。

81年以前、以降という目安が、阪神・淡路大震災の大きな犠牲によって、ようやく成立した後、家の安全性を疑うことは、社会にとってまたかなりの負担がかかることです。土台に斜めに割れ目が入っているとか、小さな地震でも不自然に揺れるとか、ご自身の住まわれているマンションや住宅の危険が判明したら、どうすればいいのでしょうか。

2005年10月28日に改正耐震改修促進法が成立し、06年1月から施行されています。この法律は、1981年に施行された新耐震設計法以前の建造物を中心に、まず耐震診断を促進し、強度に欠けると判明した場合に、補助金支給・ローン減税などの優遇措置を与え、改修を推進するという趣旨です。これまでの特定建築物に指定されていた病院や百貨店に加えて、学校、老人ホーム、あるいは倒壊して道路を塞ぐ可能性のある危険な建物について、地方自治体は名指しで改築を指導する権限を持ちます。

国の住宅政策は、少子化を見据えて、量から質への転換を図っています。一般住宅については、国土交通省は「木造住宅の耐震診断と補強方法」というガイドラインを定めて、推奨する工法の詳しい指導を始めました。地震保険の普及をめざし、耐震強度の評価によって保険料が割り引かれる制度、集合住宅については保険加入を義務付け、保険会社の耐震強度の査定によって二重のチェックをするシステムの導入など、強力に加入を推進しています。

阪神・淡路大震災を経験し、「スーパー都市災害」の発生によって生じる膨大な損害は、国にとって、とうてい対応できない額まで膨れ上がるでしょう。このまま放置していたら、国が破産の危機に瀕します。犠牲者を減らすためには、地道に建造物の耐震補強を進めてゆくほかに対策がありません。自分の命を守るためにも、ぜひ、耐震診断を受けて、リフォームを進めましょう。現在では、国策として、各自治体も積極的に耐震補強の推進に取り組んでいますから、まず、役所に相談するのが安心です。

自分の住まいの安全をどう確認するか、簡単な目安を挙げてみます。まず、どこの建設会社が施工しているかを見ることです。名の通った大手、あるいは準大手ゼネコンであれば、まず大丈夫でしょう。下請けに丸投げしているケースも稀にあるようですが、ゼネコンの場合、一つの小さな不祥事が、会社全体が請け負っている膨大な仕事すべてに影響し大きなイメージダウンになりますから、偽装や手抜きをする方が大損します。

また、大手ゼネコンでは施工管理をベテランが担当しますから、おかしな設計図は一目見れば分かり、社内審査を通りません。また、国土交通省認証済のコンピュータ・ソフトを使わないと計算書が受理されない制度があるために、強度の数値が問題にされているわけですが、現場では、鉄筋をどう配置するかを指示する配筋図を見るだけで強度が十分かどうか判断できるものなのです。

姉歯物件では、マンションの1階部分と10階部分で、同じ太さの鉄筋を使っていました。上方階では、当然重さが軽くなり、鉄柱にかかる負荷は小さくなるわけですから、10階の柱の方が細くないとおかしいのです。正しく鉄筋が配置されているか、設計図なしで簡単に見分ける方法が一つあります。

間取り図をチェックし、同じ部屋数でも、上方階にゆくに従って床面積が増えているのが、正しい設計のマンションです。柱が細くなってゆくわけですから、部屋の面積も上の階ほど広がる方が自然です。

4、ビルをしゃぶしゃぶのコンクリートで建てると

2005年10月8日、パキスタンで起こった大地震で、イスラマバードの倒壊した高層マンションの1階にJICA職員が住んでいて、父子二人が亡くなりました。10月19日までが任期だったので、あと10日地震が起こらなければ無事だったのですから残酷な話です。

しかし、パキスタンのような発展途上国では、ビルの施工管理や耐震設計の不備など当然のように起こりえます。JICAはなぜ、地震に対する備えとして、1階建てや2階建ての建物を宿舎として使用するという指導を徹底しておかなかったのでしょうか？

死亡者数の分かっている中で、最大の被害が出たのは、1976年7月28日に中国で起きた唐山地震です。M7・8の直下型地震が起きて、唐山市域は当時100万都市だったので、4人に一人、25万人が亡くなりました。死因はシンプルで、建物の倒壊による圧死です。深夜の4時頃、粗末なレンガ造りや鉄筋コンクリートの建物がいきなり倒れて、たくさんの人が建物の下敷きになりました。

1988年12月7日、旧ソ連アルメニア共和国の大地震（M6・9）では死者2万5千人。これは、国営アパートの住人ほとんどが被害を受けました。国の建物が完全に倒壊したのですから、ひどい話です。原因は、不法な手抜き工事でした。

標準的なコンクリートの製法はセメント1、砂2、砂利3。中で一番値段が張るのはセメントですが、厄介なのはセメントの規定量を半分にしても、コンクリートは固まるということです。素人が外から見たくらいでは分かりません。地震の後で調査すると、アルメニアの国営アパートは、セメントが極端に少ないしゃぶしゃぶのコンクリートでできていました。

5、発展途上国のホテルでは低層階に泊まる

東南アジアのリゾートには立派な高層ホテルがたくさんあります。たとえば、バンコクへ行って、景色がよくて気分が晴れるという理由で、ホテルの最上階を指定する人がよくおられます。しかし、宿泊価格が高かろうが安かろうが、きちんとした耐震設計が成されているかどう

か、調べる手立てはありません。シンガポールでも中国でも、アジア圏はどこでも同じです。

高層階は火災の場合も不利で、どんな災害でもリスクは高くなります。危険を知った上で泊まられるのなら止めはしませんが、万一無知のまま災害に遭遇したら遅いのです。確かに、昼間の景色は見事ですが、大体、観光客は昼間は室に居ないでしょう。夜景は日本と比べて夜間、照明を切るビルも多く、ネオンサインが少ないですし案外退屈ですから、我慢できる範囲ではないでしょうか。わたしも、ニューヨークのホテルで低層階に泊まり、マンハッタンの夜景をあきらめなさいと忠告する気はありません。

最近、日本では、マンションは高い階の方がいいという常識が生まれつつあり、気がかりでなりません。現に、高層階ほど値段が高くなっています。確かに、購入に踏み切る際は、景色がいいと感動するかもしれません。しかし、毎日暮らしていたら飽きてしまい、見向きもしなくなるそうです。また、風の影響を受けやすく、音がうるさい、建物がしなる、揺れるという問題があります。防災上は問題だらけで、逃げにくいのは当然です。大地震の時にエレベーターが動くかどうかなど心配事はキリがありません。

免震構造で耐震強度を確保した場合、高層階が揺れによってどのような影響を受けるか、まだ判明していません。コンピュータによる数値計算結果から判断しているだけで、わが国の超高層や高層ビルの地震時の安全性が確立したわけではありません。建物のしなりで震動を吸収するわけですから、高層階ほど揺れ幅は大きくなるでしょう。また、地震によって起こる地震波は多様な周期の揺れがあり、複数の揺れのピークを持っています。建物の持つ揺れの固有周期と地震波の卓越周期が一致した場合、ブランコを大きく揺らすのと同じように、共振現象が起こって計算外の大きな振動が起こる可能性もあるのです。阪神・淡路大震災以降、マンションは本震が1発来た後、余震一つを耐えるという設計になっていますが、東海・東南海地震が短い時間差で起こった場合、本震が2発も来て影響し合う可能性もあります。

住む方の発想にも問題があります。大地震の際、高層階ではまず、どんな大きな家具やピアノでも宙に飛んでしまい、固定器具などはほとんど意味がありません。部屋の中にある家具や物が、どのような形で凶器化するか、低層階や一戸建て住宅と違い、予測は不可能です。免震構造の高層マンションなどは、普通のマンションより長い周期の揺れが何分間も継続するという問題もあります。船酔い状態になりかねないのです。免震という漢字にごまかされてはいけません。

日本は、一戸建て住宅が生活文化の基本になっています。新居に入ったら、家具一式を新調したくなる気持は分からないでもありません。しかし、高層マンションに住む場合、5階を越えたら、造りつけの家具やクローゼットだけで間に合わす姿勢が、いざという時に命を救います。

「スーパー都市災害」時代は、名古屋の人は困るかも知れませんが、箪笥や鏡台などの花嫁道具一式を持って嫁入りする文化は考え直すべきでしょう。ドイツやフランスなど、都市における借家文化が発達している国の住人は、トラックに積まれた日本人の引越し荷物の多さを見かけるとびっくりするそうです。

6、「龍」の文字に気をつけよう

平成の市町村大合併が、国策として大々的に進められています。江戸時代には7万を越えていた地方自治体が、1889年の市町村制施行で1万6千ほど、1953年の町村合併で3千台に減少し、2000年から始まった今回の改革は1千が目標。行政の区割りが変わるということは、歴史のある地名が無味乾燥な記号に置き換えられてゆくことを意味します。

かつて、熊本県の龍ヶ岳町（現在は上天草市）の町長とお会いして、全国で「龍」が付く地名の市町村長15人が集まっている「ドラゴンサミット」の話を聞きました。これはと思い、「土砂災害が起こる町ばかり集まったのでしょう」と聞いてみたら、「えっ」と驚かれること驚かれること。

地名における「龍」という字は、土砂災害を意味します。昔の人は、鉄砲水や崖崩れを、空からドラゴンが降りてくると見立て、「龍」の字を当てました。川の流れもイメージに重なっています。地形により、土石流や土砂崩壊との戦いが生命線となる地域は多く、龍ヶ岳町でも、1972年、天草豪雨による土砂災害で35人が亡くなりました。しかし、災害が地名の由縁であることは、町長さんでも知らなかったようです。

「龍」地名の本家本元は、1961年の伊那谷土砂災害など、土砂災害の多いことで知られる急流・天竜川です。中央構造線に沿って、フォッサマグナの上を流れている天竜川は、諏訪湖から太平洋に向かって龍が下りてくるように流れています。この川が暴れて、どれだけ流域住民が苦労したか、計り知れません。

ドラゴンサミットに参加していたのは、大合併前の地名でいうと、北海道北竜町・雨竜町、秋田県八竜町、茨城県龍ヶ崎市、山梨県竜王町、長野県天龍村、静岡県龍山村・天竜市・竜洋町、滋賀県竜王町、和歌山県龍神町、兵庫県龍野市、熊本県竜北町・龍ヶ岳町、鹿児島県龍郷町という市町村。どの土地もみな、急峻な山の斜面と鋭く流れる河川を持つ地域ばかりです。04年のドラゴンサミットを最後に発展的な解散を決めたそうですが、「龍」「竜」の文字は、危険を知らせるためにも、大切にしてもらいたいものです。

7、危険な地名

東京に住んでいるからといって、油断は禁物です。1999年7月21日の新宿集中豪雨で、ビルのオーナーが地下室で溺れ死にました。その地名が「落合」。「落」は、雨が降ったら水が流れてきて集中する土地のことです。

2005年9月4日の杉並・中野の善福寺川の氾濫による浸水の場所は、「荻窪」。「窪」は窪地を意味して、ここも水が溜まり易い土地です。あるいは、「荒」という字も同じように災害に縁のある文字です。荒川は昔、よく氾濫しました。最近、渋谷も雨が降るとよく水が溜まるそうですが、「谷」の字がそれを暗示しています。

1999年6月29日、博多から広島まで、約6時間の間隔でどちらにも水害をもたらした集中豪雨が西日本を襲いました。広島の安佐南区でも土砂災害が起こって死者が出て、町の町内会長さんが、こんな話をしていました。「私たちの町には荒谷川という川が流れていて、水難橋という名前の橋がかかっています。名前に『難』という字がついている。引っ越してきた時は、なんでこんな不吉な名前がと思いましたが、祖先が危険な場所だと教えてくれていたのですね」と。「荒谷」と「水難」が揃っていますから、これは強力です。

「今切」という地名も全国にいくつかあります。1498年の東海道沖地震で、10mの津波が浜名湖まで入り、引き波の力で湖岸が切れて海とつながりました。浜名湖に「今切」というところがありますが、これは湖岸が決壊した歴史があることを意味します。それ以外にも「今切」は各地にあって、徳島県の防災センターを訪問したら、横を流れているのが今切川でした。

わたしが「いい場所に防災センターを建てましたね。ここは昔、川が切れたから今切川という名前なのです」と話し始めたら、聴衆は大笑いでしたが、冗談ではありません。このような特殊な名前は、洪水の常襲地帯を意味します。

「荒」の例を一つ挙げましょう。神戸の長田区と兵庫区の新湊川は、もともとは湊川という名で洗心橋の辺りから直接南下して兵庫港へ流れていたのですが、天井川（土砂がたまって川床が付近の地盤より高くなった川）のためしばしば氾濫し、下流に三菱重工や川崎重工などの大企業があるため、会下山にトンネルを掘って流れを西に振りました。

旧湊川の流れは埋め立てられて、新開地という名の繁華街になり、荒田町があります。洪水で六甲山から流されてきて、たまった土砂と水が田に入るから「荒田」です。新湊川はトンネルができた後も氾濫を繰り返し、阪神・淡路大震災でも工事中の新湊川の護岸から水があふれて大きな被害が出ました。「荒田」はいつまでも「荒田」。危ない地形は人の力では変えられません。

どの土地でも、代々住んでいる人は風土と歴史をよく知っています。村の庄屋さんの家は、だいたい安全な場所に造ってあるものです。地名だけでなく、土地の値段にもこれまでの災害の歴史が含まれています。町名や地名をみだりにいじると、土地の歴史を住人から遮断してしまいます。地方自治体は、土地のルーツを十分配慮した上で新しい地名を考えなくてはいけません。不吉な地名ほど残すべきです。

8、国際リゾート・バリ島の危機

人間は、自然の外力との闘いによって、文明を建設してきました。あらゆる方向から洗練化が進められた極致が東京のような大都市です。皮肉なことですが、都市が発達すればするほど、防災上はまったく開発が進んでいない地域と変ることのない、無防備な面が際立って表れてきます。ここで、「スーパー都市災害」から少し離れて、都市化の進むレベルに応じて各国で起こってきた問題をいくつか見てゆきましょう。

バリ島は世界有数の観光地として、インドネシアの外貨獲得の場であり、不幸なテロが2度起きたものの、サヌールとかヌサドゥアなどの美しいビーチがある南の天国です。島の砂浜はほぼサンゴ礁の破片でできていて、海が荒れる地域でもなく、いつもサンゴ礁で守られているので、劇的な海岸侵食が起こる場所ではありません。

しかし、1989年から空港の滑走路を海側に伸ばしたために、砂の供給サイクルが壊れて、空港の下手側の海岸が痩せはじめました。国際ホテルが並ぶ地域で、各々がプライベート・ビーチを守ろうと突堤を競って作りましたが、結果的に沿岸流と砂の自然な流れをせき止めただけでむしろ逆効果でした。インドネシアの海岸侵食対策費用は、日本の1千分の1もない微々たる額です。実質、進出企業であるホテル任せですが、誤った対策のせいで、砂浜の侵食は進む一方です。不用意に滑走路を沖側に延長すれば海岸侵食が起こることは、わが国の海岸工学の専門家の間では常識でした。この工事を施工したのは日本のゼネコンでした。インドネシア政府にアドバイスをしたのでしょうか。

バリ島は、周囲を囲むサンゴ礁がインド洋の大波をさえぎり、ビーチには小さな波しかきません。しかし、国際リゾート地らしく環境開発をするためには道路を整備する必要があり、どこかで土台となる骨材を調達しなくてはいけません。サンゴ礁はコンクリートと相性がよく、ぴったりの素材なのです。

熱帯サンゴ礁は干潮時に海面近くまで出てきますから、島民が商売のために小舟を出して採掘します。中には、よからぬことを考える島民もいて、夜、工事現場に敷き詰めてあるサンゴ礁を元の海に戻し、朝、何くわぬ顔でもう一度出荷して儲ける輩もいるそうです。監視がなくて誰も気づかないそうですから、悪智恵が働く連中にとってはうまい仕掛けです。

しかし、採掘によってサンゴ礁が低くなり、ビーチには大きな波が届くようになって、また、砂浜が痩せてゆきます。ひどい悪循環です。インドネシアに限らず、タイでもフィリピンでも海岸侵食は深刻な問題です。道路や空港を建設すれば、海の水質が悪化してサンゴ礁が死んでゆく。サンゴ礁という自然の防波堤を失えば、リゾート地は根本から崩壊してしまいます。

9、熱帯マラリアは他人事ではない

1995年、バリ島でコレラが流行しました。なぜか日本人しか感染せずに、275人のコレラ菌患者が出ました。当時、海岸侵食の調査のために滞在していたわたしは大丈夫でしたが、これは十二分に注意していたからです。まず、決して水は飲まずに、喉が渇けばビールを飲みます。流行らない店の片隅にはペットボトルのフタが売られていて、捨てられたボトルを回収してそこらの水を詰めてはまた店頭に並べる国ですから、油断大敵です。果物で食べていいのは皮をむいていないバナナだけで、包丁で切った果実はすべて、生食では危険でしょう。食事はナシゴレンと呼ばれるチャーハンに限り、生野菜サラダなどは決して食べません。

しかし、普通の日本人観光客は、いきなりヤシの実にストローを刺したジュースを飲み、串刺しで売っている焼き鳥を食べます。これでは、すぐ感染症に罹るでしょう。抗菌剤が発達し、われわれは無菌状態の生活に慣れ切っており、感染症に対する免疫力が大きく落ちています。

中南米ジャングルの秘境ツアーが、金銭的に余裕のある中高年に人気です。しかし、熱帯で名前の知らない虫や蚊に刺されると、命取りになる危険があります。また、地球温暖化で、マラリアの感染地域の北限がどんどん北上し、いずれ日本も汚染域に入るでしょう。すぐ発病しなくても、体力が落ちると発症します。若い頃東南アジアに出征した元兵隊さんが、歳をとってから突然高熱を発し、診断したらマラリアだったということは珍しくありません。

いきなりヒマラヤのトレッキングツアーに行く中高年の登山客も危険は同じです。昔は寒かった寝袋に肌着一枚で寝ても大丈夫とか、装備が著しく良くなっているので、さほどの訓練がなくても高山に入れますが、いったん悪天候や雪崩に遭遇したら、装備の力で登っている人は対応できません。登山事故が急増するのも無理はないでしょう。

10、死命を制した歌

インドネシアの話題をもう一つ続けます。1992年にフローレス島を地震が襲い、2千数百人の死者が出ました。半分は津波が原因です。ポルトガル語で「花の島」を意味する美しい島で、かつて5千ルピア紙幣の図柄に水の色が違う3つの火山カルデラ湖が採用されていました。この島が最大30mの波に襲われ、大津波を経験したことがない島民は海の轟音を火山の爆発だと考えて、波打ち際に出て海に流されてしまったのです。

その近所で、人口500人のバビ島は、7mほどの津波が来て全滅しました。助かったのはたまたま山に畑仕事へ出ていた人と、海で漁をしていた人だけです。これでは津波から守りようがないと判断し、政府は島を居住禁止にしましたが、1年後に調査したらまた人が住んでいました。南海の楽園のような島なので、どこか別の遠いところから移住してきたのでしょうが、津波の伝承のないこの島ではまた犠牲者が出ることを止められないでしょう。

一方で、2004年のインド洋大津波の際、人口8万3千人のうち津波危険域の住民が6万6千人もいるシムル島で、たった5人しか死者が出ませんでした。なぜでしょうか？　1907年に大津波があり、「海の水が引いて、魚が飛び跳ねているようなことがあっても、魚を採りに行ってはいけません。津波が来るから早く高台に逃げなさい」という意味の歌があり、それをみんな知っていたのです。だから、皆すばやく逃げることができました。

これが危険、という情報が死命を制することは先進国でも途上国でも共通しています。

11、援助外交の難しさ

ヒマラヤ山脈の国・ネパールは岩山が多く、しばしば集中豪雨に見舞われて土石流が起こります。耕地も山間にあるのですが、土石流のたびに田畑が流されて、人力で動かすことのできない大きな石が方々に残り、まるで、「栗羊羹」のような田畑です。

男の子の一人一人に田畑を与える慣習なので、乳幼児の死亡率が減少するとともに人口が爆発的に増加しつつある現在、耕地一つごとの面積はどんどん狭くなり、それぞれの家は貧乏になります。また、深い山間に入って開墾して新しい耕地を作らなくては対応できず、必然的に災害へ巻き込まれる率も高くなります。

耕地が流されるたびに、借金してブルドーザーなどを調達し、開墾のし直しです。借金が返せなくなると、カルカッタなどに女の子を売ってしのぎます。そして都市に出て、ＡＩＤＳを移されて帰ってくるという、絵に描いたような貧困の悪循環が今も繰り返されているのです。

見るに見かねてのことでしょうか、土砂災害にやられた集落に台湾の仏教会がコンクリートブロック造りの仮設住宅をプレゼントしたことがあります。もともとの場所には住めなくなってしまい、新しい土地へ集団移住したのですが、すると、近くの古くからの住人からねたみそねみが出てきます。仮設住宅の方が立派なせいです。新住人には電気を供給しないという嫌がらせが行われました。

援助外交はむずかしいものです。どこの国でも、貧困な地域ほど災害に巻き込まれやすいものです。日本などから仮設住宅が届き、ボロ家に住んでいた人々の暮らしが改善されると、周囲の集落からいじめを受け、感情的なしこりがなかなか抜けず、結果的に失敗します。富める者も貧しい者も平等に援助を受けることで、社会の安定が保たれるわけです。

ネパールは、１年間住んだら国籍がもらえる制度になっていて、人の出入りが多い国です。さまざまな国の人が流れ着いており、ある村を訪問すると、子供たちの混血の具合はすごいものでした。金髪、ちぢれ毛、直毛、あるいは緑色や茶色の目など、見たことがないくらいの人種の坩堝です。

インドと接している国境地帯には、出入り自由の場所が３００km も続いています。インド側はビハールという州なのですが、国内では最も貧しい地域で、交易しようとネパールに入ってきます。ネパールの哀しい点は、外国人が国に入ってくるのはフリーでも、入った後に出国することは難しく、インドや中国という周囲の大国の干渉を受けることです。

ネパールで使っている野菜の種は日本のタキイ種苗の製品などで、農産物の質はなかなか高く、いいブロッコリーができます。ところが、農業協同組合がないので、出荷するといっても農家一人一人が商人と交渉し、豊作でも売れなければ困りますので、インドからきた商人にただ同然で買い叩かれてしまうのです。腐るよりはましですが、国民の80％弱が農民という国で、農産物の出荷も管理できないようでは、災害対策どころではありません。

12、地球温暖化の影響

ネパールには多数の氷河湖があります。氷河が下流に流れてきてモレーン（氷堆石）と呼ばれる自然の堤防となり水が溜まって湖となったものです。ところが、地球温暖化の影響でモレーンが決壊し、水が溢れ出して大洪水を起こすことが多くなりました。万年雪はだいたい標高4千m地帯以上にありますが、少しずつ高い方に移っていて、氷と土でできているモレーンから万年雪が離れてしまい、氷が溶けて水漏れしているのです。

私がネパールを訪問した折、貯水量9千万tの氷河湖が決壊するという可能性があり、谷に沿って220㎞圏内の下流の村に避難勧告が出ました。ところが、学校だって青空学級ですし、住民には逃げる場所などありません。結局、その時は無事でしたが、世の中には逃げようがない災害もあるものです。

地球温暖化とは一般的に、冬の最低気温の平均がどんどん上がる現象だといわれています。日本でも、だんだん雪が少なくなってきたという認識を持っている人は多いはずです。しかし、2006年の豪雪は、全国的な現象でした。温暖化、あるいは寒冷化という大きなトレンドの中の気候変動は、どちらもバラつきが大きくなるという特徴があるのです。

雨が降りはじめたら、どんどん降る。降らないとなったら、とことん降らない。たとえば愛媛県の肱川では、前年に洪水になったのに、翌年は渇水という現象が起こりました。気温が徐々に上がる中で、気候の幅の両極端、局値現象が現れやすくなってゆきます。2004年には日本に台風が10個も上陸しましたし、2005年はアメリカにも、カトリーナをはじめとして、年に一つ来れば珍しいというカテゴリー5の巨大ハリケーンが二つ来襲しました。

ドカ雪、巨大台風の来襲、氷河湖の決壊、集中豪雨……。

２００５年には、東京にも１時間１００㎜を越える雨が降りました。地球温暖化の影響は単純なものではありません。何が起こるか分からない、という傾向がより強まるわけです。気象庁の定義では、気候変動は過去30年の観測データを統計化して判断するものですから、１年だけ大きな気候の変化があっても異常気象とは呼びません。ただし、日本では10年単位で見てゆくと、１時間60㎜以上の豪雨が降る回数（気象庁のアメダスによる全国約１３００地点の観測値を対象）は確実に増えており、大きなサイクルで変動している気配が感じられます。

13、命と財産どちらが重いか

高潮や洪水の危険が迫った場合、命だけを守るならば、避難勧告が出たら安全な高台に逃げることです。その原則は、詳述しました。しかし、慌てて逃げて、浸水によって家と財産を完全に失ってしまえば、すべてのコストがあまりに高く、「共助」「公助」の助けがなければ、復旧はなかなか難しいものです。

家財について、人間の心理はどう動くのか、バングラデシュのサイクロンの例を見てみましょう。バングラデシュは、陸棚（深さが２００ｍくらいまでの海底）が発達したベンガル湾に面した国で、サイクロンが毎年のように発生します。年中行事のように起こりますが、対策として、サイクロン・シェルターと呼ばれる１階が柱だけで、２階より高い位置に建物のある避難所が全国に2千カ所弱あります。

情報システムが発達していない地域なので、日本の日赤にあたる赤新月社やシャプラニールのボランティアが、サイクロンが来るとメガホンなどを使って避難を呼びかけます。ところが、逃げない日本人と同じように、農民たちはなかなか逃げないのです。自分だけでなく、牛が一緒に動けないと、どんなに危険が迫っていても逃げません。

バングラデシュでは、牛がいなくなると稲作が不可能になり、全財産を失うことを意味します。牛の重要さは、わたしたちの想像を絶しています。バングラデシュ事情をよく知るサウジアラビアが作ったサイクロン・シェルターは、1階に牛がつなげて水が来ても無事な仕組みになっていて、そこには農民がよく逃げ込むそうです。

わたしたち防災の専門家が、避難勧告が出たらまず逃げなさい、と言うことは簡単ですが、実際のところは、家財を見捨てて逃げることは心理的にかなり難しいものです。

ちなみに、沿岸の低地では不動産登記がいい加減で、大きなサイクロンが来て無茶苦茶になった後は、避難した隙に家や農地を横取りされたという訴えが裁判所に集中するそうです。日本の終戦直後の混乱と似た話です。近代国家においては、書類上の所有権は整備されていますから、バングラデシュのような無茶は起こりませんが、心理の深層は共通しています。

阪神・淡路大震災において、避難所での整備されたルールができた状況など、災害対応についての成熟度を考えると、日本の社会は、バングラデシュのエゴ丸出し状態とは大きく違っています。しかし、「スーパー都市災害」の被災地で、机上の理論通りに避難行動が進まないと予測される理由は、サイクロンが来ても牛と一緒でなければ逃げないという農民と同じような心理がどこかに潜んでいるからです。

14、被災後のマナー

最後に、被災後のマナーについて少し触れてみます。

自宅を離れざるをえない場合は、夜寝るためや、身体を休めるために、毛布を自分で用意することを頭に入れておくことです。ある水害の被災地で避難所に毛布が足りなくて、被災者から「全員の毛布を用意しておけ」という苦情が出たそうです。しかし、「スーパー都市災害」の膨大な被災者の数を想定し、備蓄倉庫や予算の問題を考えてみると、自治体に被災者全員分の毛布を要求するのは無茶な話です。毛布がなくて寒いのは自分ですから、なるべく「自力」で用意しましょう。

災害の救援にモノを送るという発想も捨てる必要があります。現金を送り、地元の商店で必要なものを買ってもらう。これが、復興に必要なサイクルです。１９９９年8月にトルコ大地震の被災地を視察したのですが、ある町の救援物資の集積所で、世界中から送られた古着などが詰まった段ボールがどう扱われているのか、実態を見てしまいました。

あまりいい話ではないですが、被災者の方々は自分の欲しい物だけを選んだら後は道路の上に捨ててしまいます。トルコのような途上国でも、もう、自分の好みに合わないものは着ない時代です。日本でも、似た光景は何度も目撃しています。

実際、何が入っているのか分からない段ボール箱が大量に届いても、現場は扱いに困るものです。北海道南西沖地震でも、阪神・淡路大震災でも、全国から届いた救援物資のうち、何十万の段ボール箱がこっそりと焼却されました。善意の物資ですが、大量に来てしまうと保管のために体育館のような倉庫を作らなくてはならず、封を開けるだけで手間がかかり、ゴミが増えます。マスコミが騒ぐので隠れて捨てなければいけないのですが、馬鹿馬鹿しい限りです。

生活再建には、義援金がかなり大きな役割を果たします。１９９０年の雲仙普賢岳噴火では約２３０億円、１９９３年の北海道南西沖地震では約２６０億円が集まって、１千世帯以上が住宅再建の必要がありましたが、各世帯１千万円以上の分配を受けることができました。一方、阪神・淡路大震災では、集まった義援金は１千７９０億円と巨額でしたが、何しろ45万を越える世帯が被災したため、１世帯当たりの分配金は20万円を少し超えるくらいの額に留まりました。１９９８年に成立した被災者生活再建支援法や、災害弔慰金など、さまざまな制度は整えられましたが、生活再建は、基本的には自力で行うほかないのが現状です。

15、防災文化の伝承

防災の専門家として、わたしは、いざという時に慌てないように努力を重ねています。

東京に出張する時は、パソコン、方位磁石、ラジオ、懐中電灯を必ず所持しています。東京駅に着いたら、パンやチョコレートなどの軽食とペットボトルの水を購入します。カバンはリュックにして両手は開けておき、携帯電話もカバンの中に入れず、いつも身につけています。エレベーターの閉じ込めを想定して、高層ビルの上方階を訪問する時は、トイレを済ますようにしています。ライフライン障害が起こる危険がある場所はなるべく避けます。

これらの配慮は東京だけですが、京都盆地の周りには、1千200年間地震を起こしていない花折、黄壁、西山という断層帯があり、3つの断層が、いつ動いて大地震になっても不思議でない時期に入っています。ですから、歩く道に注意を払うことにしました。京都大学への通勤路として、かつては、古い木造2階建て住宅が道の両サイドに並ぶ、古都の情緒溢れる路地伝いを多少遠回りでも愉しく歩いていましたが、阪神・淡路大震災以後は、歩道のある広い道を歩くようにしています。

細々としたテクニックを挙げてみましたが、防災は、自力で自分や家族の身を守ることから始まります。そして、阪神・淡路大震災という不幸な災害を経て、大規模な都市災害が起こった場合、住宅や財産の復旧の重要さと困難の両方がクローズアップされました。国が本格的に住宅の耐震補強への取り組みを始めたのも、直後の悲惨さとともに、生活再建の困難さが時を追うごとに明らかになってきたからです。

「スーパー都市災害」で起こる被害を想定すると、「公」の取り組みがどれだけあったとしても、「自力」による「減災」が絶対的に必要です。来るか来ないか分からないものに備えても無駄という本音もまだ根強いですが、本格的な災害多発期に入った現在、防災への取り組みの遅れが生死を分ける状況です。

わたしは、「防災文化」という言葉を提唱しています。発展途上国から先進国まで、世界の防災に関するエピソードを挙げてきましたが、災害の現場では単なるマニュアル的な対処では応じきれない事態がどんどん現れるものです。自分の身を守る技術を文化として伝承し、さまざまな形で日常的な話題にしてゆくことが「減災」につながります。

都市では、物を所有し、組織的な活動をするだけで高いコストがかかります。しかし、自然の外力は、人間の側の事情など配慮してくれません。「スーパー都市災害」時代においては、伝統の紙と木でできた燃えやすい町並みから、災害に強い頑強な町並みを、自力で建設してゆく生活文化への転換が大切です。

あとがき

研究者として、災害の現場を経験すると、驚くべき出来事に多く遭遇します。これは、災害が人間にとって、非日常的なものであるからです。本書は、単なる経験談に留まらない普遍性を持つ事象を中心に紹介・分析し、実践的な学術書という性格を念頭に置いて執筆しました。

発生の切迫性が日に日に高くなっている首都直下地震、いつ起きてもおかしくないスーパー広域災害となる東海・東南海・南海地震、地震以外の風水害など、備えるべき災害について、なるべく具体的な情報を提供したつもりです。しかし、自分が当事者となった阪神・淡路大震災と新潟県中越地震の研究については、大災害が来てもびくともしない理想のまちを作るという目標と同じく、まだまだ端緒に過ぎないことを実感しました。

最後に、数多くの突発的な災害調査で国内外を飛び回ることができるように家庭環境を整えてくれた妻の英子に感謝します。

河田惠昭

・本文中、P21、P73、P111、P123の図版は中央防災会議HP(http://www.bousai.go.jp/jishin/chubou/)、P47、P103は東京都HP(http://www.metro.tokyo.jp/)を参考にして作成しました。

スーパー都市《とし》災害《さいがい》から生《い》き残《のこ》る

著　者／河田惠昭(かわた・よしあき)

発　行／2006年6月30日

発行者／佐藤隆信
発行所／株式会社新潮社
〒162−8711 東京都新宿区矢来町71
電話 編集部03(3266)5611/読者係03(3266)5111
http://www.shinchosha.co.jp
印刷所／株式会社三秀舎
製本所／株式会社植木製本所

ISBN 4-10-300971-3 C0051